하이빅쌤의 팡팡 터지는
한 단어 영어회화

하이빅쌤의 팡팡 터지는
한 단어 영어회화

초판 5쇄 발행 2025년 10월 24일

지은이 하이빅쌤(빅토리아 신)
발행인 한정덕
사업이사 최지연
편집장 장문정
콘텐츠 연구원 이하얀
마케팅 강지민, 김나영, 김경민, 김하연
경영지원 강미연
디자인 말리북
제작처 공간코퍼레이션

퍼낸곳 (주)타인의취향
출판등록 2018년 7월 30일 제2018-000229호
주소 서울시 마포구 마포대로 49 성우빌딩 1106호
전화 02-6949-6014 팩스 02-6919-9058
이메일 tain@tain.co.kr

ⓒ 하이빅쌤, 2025

ISBN 979-11-993593-2-1 13740

· 이 책은 저작권법에 따라 보호를 받는 저작물이므로 무단 전재와 무단 복제를 금지하며,
이 책의 전부 또는 일부를 이용하려면 반드시 저작권자와 (주)타인의취향의 서면동의를 받아야 합니다.

· 책값은 뒤표지에 있습니다.
· 잘못된 책은 구입하신 곳에서 바꾸어 드립니다.

한 단어를 떠올리는 순간 영어가 터져 나온다!

하이빅쌤의

한 단어

팡팡 터지는

영어회화

하이빅쌤(빅토리아 신) 지음

타인의 취향

콩글리시에서 네이티브 소리로 변신한 이들의
하이빅쌤을 향한 리뷰와 찬사

태어나서 처음으로 영어가 재밌어지고 있어요.

_ j******

10년째 미국에 살면서 하이빅쌤에게 발음 코칭을 받았어요. 원어민과 의사소통하는 데 계속 어려움을 겪었는데 지금은 네이티브가 단번에 알아들을 정도로 발음이 좋아졌어요. 저의 발음을 듣고 감탄할 정도랍니다. 말하는 데 자신감까지 생겼어요!

_ D. K******

발음 따라 하기는 정말 미쳤어요! 영어 문장을 단계별로 읽어주는 게 저에겐 정말 큰 도움이 돼요.

_ 우**

9살 된 딸과 함께 영어 공부하기 너무 좋아요. 아이가 재미있어 해서 클래스까지 바로 구독했어요. 동화 낭독 시리즈를 교본으로 삼고 있답니다.

_ S****

빅토리아쌤 최고예요. 발음 설명을 듣기 전과 후의 리스닝이 정말 완전 달라요. 귀가 뻥뻥 뚫립니다!

_ b*******

영어 공부한다고 BBC, TED 찾아가며 들었는데 늘 백색소음처럼 들렸어요. 그런데 쌤의 강의를 듣고 난 후 이제야 들립니다! 고민한 시간이 아까울 정도예요. 제가 보증하고 강력 추천하는 강의입니다.

_ 지**

제 발음의 문제점을 확실히 알았어요. 발음, 리듬, 강세까지 실수하는 부분을 세세히 설명해주니 하루하루 실력이 업그레이드되고 있습니다. 쌤 영어 발음도 너무 좋지만, 설명하는 한국어 발음 역시 좋아 전달력이 최고예요. You're best teacher!

_ H****

쉐도잉으로 영어회화 공부한 지 2년 정도 되었어요. 처음에는 하나도 안 들렸는데 쌤 강의를 들은 후 1.25배속으로 자막 없이 들어도 완벽하게 쏙쏙 다 들립니다. 정말 놀랍고 신나요!

_ 노**

지인 추천으로 하이빅쌤의 영상 강의를 참고해서 영어 면접을 준비했는데 최종 합격했어요! 회화는 역시 하이빅쌤입니다. 다른 강의들과 차원이 달라요.

_ P******

제가 평생 찾던 영어쌤입니다. 강의 올라오길 정말 매일매일 목 빠지게 기다립니다!

_ m***

오십 평생 안 들리던 영어가 30분 따라 하니까 너무 잘 들리네요. 지금껏 들어본 영어 강의 중 최고예요!

_ C****

2주간 네덜란드로 세미나를 다녀왔는데요. 입이 안 떨어지면 어쩌나 걱정했는데 괜히 고민했네요. 쌤한테 발음 교정을 받은 결과 영어로 말하는 게 한결 매끄러워지고 자연스러워서 놀랐어요! 자신감까지 확실히 올라갑니다.

_ 이**

영어식 톤 잡는 방법부터 연음, 강세, 리듬까지 체계적으로 배울 수 있는 강의입니다. 쌤의 설명 듣고 따라 하면 네이티브처럼 발음할 수 있어요. 하이빅쌤의 발음 코칭 정말 신세계네요.

_ 박**

5개월간 낭독 챌린지 수강하고 뉴욕 출장에서 훨씬 유창해진 발음과 강세로 대화하는 저를 발견했어요. 다들 원어민 같다며 폭풍 칭찬을 해주었습니다. 저도 발음이 이렇게 좋아질 줄은 상상도 못했어요.

_ 4****

영어 두려움이 사라지고 그 자리에 자신감이 뿜뿜 차오릅니다. 이젠 외국인이 말 걸어도 절대 도망치지 않아요.

_ 9******

한국 사람들이 가질 수밖에 없는 영어 발음의 한계점을 콕콕 찝어서 맞춤 강의를 해주니 스피킹과 리스닝이 눈에 띄게 좋아졌어요. 왜 월클 발음 교정 선생님인지 알겠어요! 혼자 공부하지 마세요. 쌤 강의 10분만 들으면 유학 갈 필요 없어요.

_ Y***

완독으로 가는
한 단어 영어회화 책 활용법

오늘 배울 핵심 패턴이에요. 어떤 뜻인지 확인하고 익혀보세요.

꼭 알아야 할 핵심 단어입니다. 이 한 단어가 포함된 패턴을 간단한 설명과 함께 미리 소개해요.

핵심 패턴을 원어민들은 어떻게 사용하는지 일상적인 대화로 구성했어요. 패턴이 대화 안에서 어떻게 활용되는지 확인하고 따라해보세요. 익숙하지 않은 단어의 발음과 뜻도 담았어요.

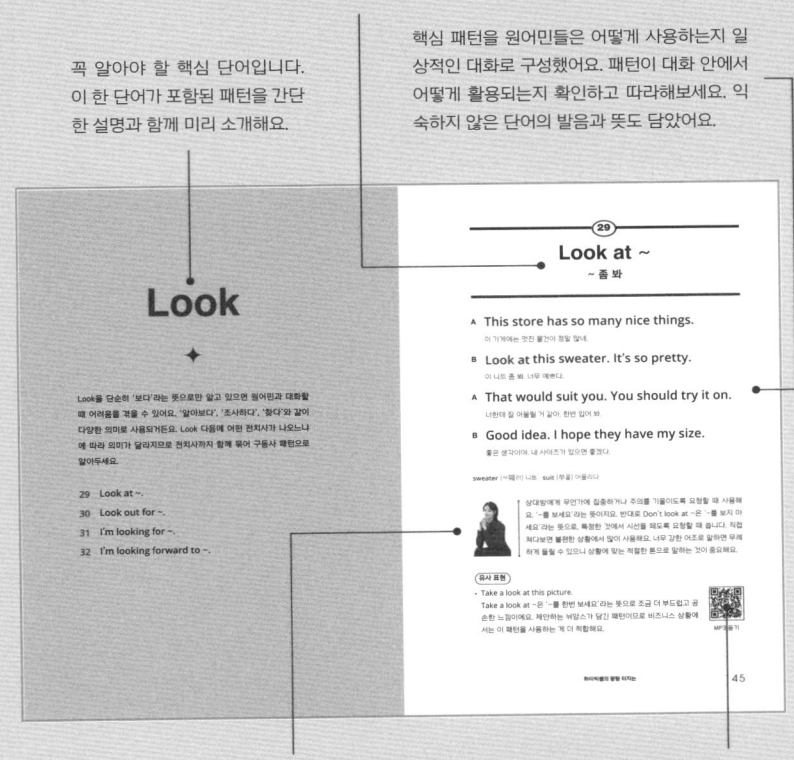

패턴의 정확한 의미를 설명합니다. 기본적인 의미뿐 아니라 영어의 미묘한 뉘앙스와 느낌까지 꼼꼼하게 알려줍니다.

패턴의 모든 예문을 저자와 원어민의 목소리로 녹음한 MP3예요. 강세, 속도, 호흡, 발성, 연음, 리듬까지 생생하게 듣고 따라해보세요.

007

핵심 패턴이 들어간 다양한 예문을 연습할 수 있도록 응용 및 심화 표현을 제공합니다. 입에서 자연스럽게 터져 나올 때까지 반복해서 연습해보세요.

핵심 패턴이 들어간 대표 문장이에요. 영어 발음기호와 한국식 발음표기, 강세를 줘야 하는 위치까지 표기했어요. 한국인들이 자주 틀리는 발음도 함께 수록했으니 꼭 확인해보세요.

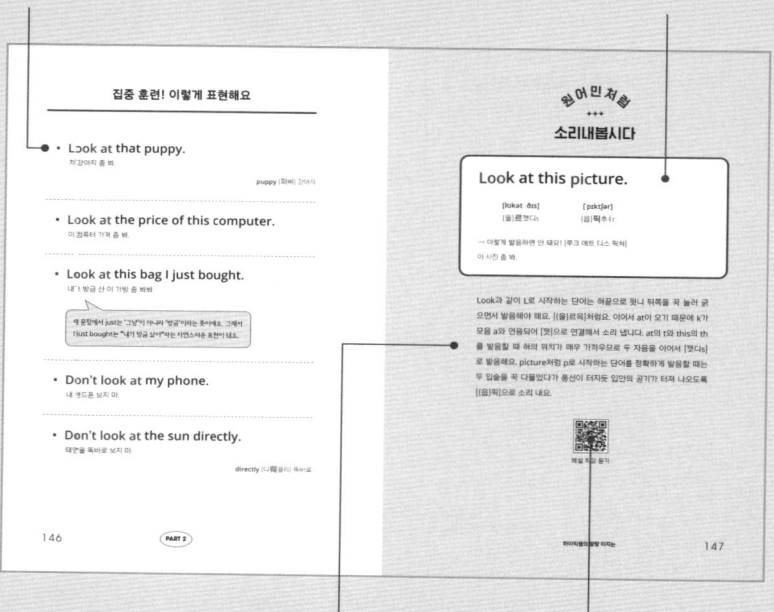

영어 문장을 어떻게 소리 내야 하는지 구체적으로 설명합니다. 연음의 원리뿐 아니라 혀의 위치, 입술의 모양, 공기의 흐름까지 꼼꼼하게 설명했어요.

QR코드를 찍으면 하이빅쌤의 생생한 해설 직강을 볼 수 있어요. 어떻게 발음하는지 스피킹 비법을 확인해보세요.

말하는 영어 일기

부록으로 영어 일기를 담았어요. 일상에서 일어날 수 있는 이야기로 리스닝과 스피킹을 동시에 연습할 수 있습니다. QR코드를 찍어 하이빅쌤의 단계별 영어 낭독 학습법을 따라가보세요.

상황1 지하철에서 만난 쩍벌남

STEP 1. Listening 듣기
▶ 리스닝 훈련입니다. QR코드를 찍어 자막 없이 영어 문장을 들어보세요.

STEP 2. Reading 읽기
▶ 아래 영어 문장을 읽으며 내용을 이해해봅시다. 문장 구조와 표현도 파악해보세요.

Yesterday, I rode the subway during rush hour. It was very crowded, but I found a seat near the door. I wanted to relax, but the man next to me spread his legs wide. His knee kept touching mine, which was annoying. I tried moving away, but there was no space. He also watched a loud video on his phone without headphones. Everyone around looked upset, but nobody said anything. I stared at him when he laughed loudly, but he didn't notice. Luckily, he got off at the next station. I hope I never sit near someone like that again!

356

프롤로그

"언어 습득은 오직 한 가지 방법으로 가능하다는 결론을 내렸다.
불안감이 적은 상황에서 내용을 이해하며 받아들일 때만 언어를 습득할 수 있다."

외국어 습득 이론을 정립한 언어학자 스티븐 크라셴

아들이 10살 때쯤인가 루빅스 큐브에 완전히 빠져 있었어요. 밤낮으로 큐브를 돌리며 연습하더군요. 4~5초 안에 육면체의 색을 맞추려면 수많은 공식을 외워야 하고, 손이 저절로 움직일 정도로 반복 훈련을 해야 했습니다. 누가 시키지도 않았는데 아이는 몰입해서 연습했어요. 처음엔 30초 걸리던 것이 결국 5초까지 단축되는 모습을 보면서 정말 신기하다고 느꼈습니다.

이렇게 손이 기억해서 저절로 움직이는 것을 '머슬 메모리 Muscle Memory'라고 합니다. 영어 스피킹도 마찬가지예요. 내 입에서 툭툭 튀어나올 정도로 반복해서 소리를 내고, 대화 속에서 수없이 실수를 해야 스피킹의 머슬 메모리가 생깁니다.

"영어가 무서워요." 정말 많이 들어본 말입니다. 그런데 생각해보세요. 만약 여러분이 중국어나 아랍어를 배우기 시작했다면 말하면서 틀렸을 때 창피했을까요? 아닐 겁니다. 언어는 틀리면서 배우는 것이니까요. 그런데 우리는 유독 영어에만 이상한 열등감과 완벽주의를 적용합니다. 마치 영어는 처음부터 완벽하게 해야 하는 특별한 언어인 것처럼 말이죠. 하지만 한 번도 틀리지 않고 영어 왕초보에서 고수로 단숨에 갈 수 있는 사람은 단 한 명도 없습니다. 분명 큐브처럼 영어도 수많은 시행착오 속에서 몸이 먼저 기억하는 순간이 찾아옵니다.

저는 크라센이 말한 '불안감이 적은 상황'을 만들어주고 싶어요. 이 책에는 새롭고 어려운 영어 단어는 전혀 없습니다. 여러분이 이미 알고 있는 1~2개의 쉬운 단어로 만든 패턴들만 담았습니다. 'Do you ~?', 'Can I ~?', 'There is ~' 같은 기본 패턴에 이미 알고 있는 단어만 갈아 끼우면 자연스럽게 수십 개의 문장이 입에서 튀어나오게 됩니다. 복잡한 문법 설명도 없어요. 그냥 패턴을 익히고 소리 내어 반복하면 됩니다. 단언컨대 한 두 단어로 이루어진 패턴만 익혀도 충분히 원어민과 대화할 수 있습니다.

주저하지 마세요. 틀리는 것을 두려워하지도 마세요. 즐겁게 소리 내어 따라 읽고, '틀리는 것이 당연하다'라는 마음으로 편안하게 연습해보세요. 평생 이룰 수 없을 것만 같았던 영어 스피킹이 업그레이드될 거라고 확신합니다.

틀림은 과정이고, 반복은 힘입니다. 여러분의 입속에 잠들어 있는 영어를 깨워보세요. 이미 그 안에 모든 것이 준비되어 있습니다. 이 작은 책이 여러분의 영어 여행에 조금이나마 도움이 되었으면 합니다. 그리고 이 책이 세상에 나올 수 있도록 응원해 주시고 도움을 주신 모든 분들께 진심으로 감사드립니다.

빅토리아 신

차례

콩글리시에서 네이티브 소리로 변신한 이들의
하이빅쌤을 향한 리뷰와 찬사 ✦ 004
완독으로 가는 한 단어 영어회화 책 활용법 ✦ 007
프롤로그 ✦ 010

INTRO

지금 당장 대화되는
진짜 영어회화를 하고 싶다면

쉬운 영어가 통한다 ✦ 023
백날 연습해도 당신의 영어를 원어민이 못 알아듣는 이유 ✦ 025
알고 있는 쉬운 영어 단어로도 충분히 말할 수 있다 ✦ 027
영어회화 잘하려면 이렇게 소리 내야 한다 ✦ 030
비법 1 영어 소리에 시동을 걸자 - 강세의 힘 ✦ 031
비법 2 단어가 아니라 내용이 들리게 - 연음의 마법 ✦ 032
비법 3 영어는 리듬을 타자 - 리듬의 비밀 ✦ 034

원어민이 입에 달고 사는
왕초보 기초 패턴

기본 단어로 누구나 내일 당장 대화할 수 있어요!

I'm

01	I'm ready to ~	나 ~할 준비됐어	039
02	I'm here to ~	나 ~하러 왔어	042
03	I'm not used to ~	나 ~에 익숙하지 않아	045
04	I'm sorry for ~	~해서 미안해	048

I have

05	I've been to ~	나 ~에 가본 적 있어	054
06	I have to ~	나 ~해야 해	057
07	I have time to ~	나 ~할 시간 있어	060
08	I have trouble ~	나는 ~하는 게 어려워	063
09	I have a feeling ~	~한 느낌이 들어	066

Do you ~?

10	Do you like ~?	~ 좋아해?	072
11	Do you want to ~?	~할래?	075
12	Do you need ~?	~ 필요해?	078
13	Do you usually ~?	너 보통 ~해?	081

	There is ~/There are ~		
14	There is/are ~	~가 있어	087
15	There is/are no ~	~가 없어	090
16	Is/Are there ~?	~가 있어?	093
17	There's nothing like ~	~만큼 좋은 건 없어	096

	I think ~		
18	I think we should ~	우리 ~하는 게 좋을 것 같아	102
19	I don't think ~	~인 것 같지 않아/~라고 생각하지 않아	105
20	I'm thinking about ~	~할까 생각 중이야/~에 대해 생각하고 있어	108

네이티브가 일상생활에서
매일 쓰는 필수 패턴
이 단어만 알면 모든 문장이 가능해요!

	Tell		
21	Tell me ~	~를 말해줘	115
22	Let me tell you ~	내가 ~을 말해 줄게	118
23	I told you ~	내가 ~라고 말했잖아	121
24	I can tell ~	~를 알 수 있어	124

Take

25	It takes + 시간	(시간이) ~걸려	130
26	I'll take care of ~	~는 내가 맡아서 할게	133
27	Let's take turns ~	돌아가면서 ~하자	136
28	Do you take ~?	~를 받나요?	139

Look

29	Look at ~	~ 좀 봐	145
30	Look out for ~	~를 조심해/~를 주의해서 봐	148
31	I'm looking for ~	~를 찾고 있어	151
32	I'm looking forward to ~	~가 기대돼	154

Get

33	I get ~	~를 이해해	160
34	It's getting ~	~해지고 있어	163
35	I got in touch with ~	~와 연락했어	166
36	Did you get enough ~?	~가 충분했어?	169

Make

37	I can make it to ~	~ 할 수 있어/해내다	175
38	You make me ~	넌 날 ~하게 해	178
39	I made sure to ~	~를 확실히 했어	181
40	I made up my mind ~	~를 결정했어	184

Go

41	I go to ~	~에 가	190
42	go + 형용사	~가 되다	193
43	I'm gonna ~	~할 거야	196
44	I'll go with ~	~로 할게	199

상황에 맞춰 골라 쓰는 만능 의문사·조동사 패턴

이 단어만 잘 쓰면 뭐든 물어볼 수 있어요!

What

45	What if ~?	~하면 어떨까?	207
46	What do you think about ~?	~에 대해 어떻게 생각해?	210
47	What's wrong with ~?	~ 왜 그래?	213
48	What happened to ~?	~에 무슨 일이 있었어?	216

When, Where

49	When can you ~?	언제 ~할 수 있어?	222
50	When do you plan to ~?	언제 ~할 계획이야?	225
51	Where's the nearest ~?	가장 가까운 ~는 어디야?	228
52	Where can I find ~?	~가 어디에 있어?	231

Why

53	Why not ~?	~하는 게 어때?	237
54	Why don't you ~?	~하는 게 어때?	240
55	Why do you ~?	넌 왜 ~해?	243
56	Why bother ~?	굳이 ~할 필요가 있어?	246

	How		
57	How come ~?	왜 ~해?	252
58	How do you know ~?	~를 어떻게 알아?	255
59	How do you feel about ~?	~는 어때?/~에 대해 어떻게 생각해?	258
60	How long does it take to ~?	~하는 데 얼마나 걸려?	261

	Could, Would		
61	Could I ~?	~해도 될까요?	267
62	Would you like to ~?	~할래요?	270
63	Would it be possible to ~?	~할 수 있을까요?	273
64	Would you be okay with ~?	~ 괜찮아요?	276

네이티브가 즐겨 쓰는 생활 기본 패턴

활용도 높은 패턴이라 하루 종일 말할 수 있어요!

내일 당장 써먹을 수 있는 초간단 영어 표현

65	I want to ~	~하고 싶어	283
66	I promise I'll ~	~할 것을 약속해	286
67	I was about to ~	막 ~하려던 참이었어	289
68	I was wondering if ~	~인지 궁금했어	292
69	I'm sure ~	~를 확신해	295
70	You don't have to worry about ~	~에 대해 걱정할 필요 없어	298
71	It seems (like) ~	~인 것 같아	301
72	It depends on ~	~에 따라 달라/~에 달려 있어	304
73	It helps to ~	~하는 게 도움이 돼	307
74	It's important to ~	~하는 게 중요해	310

원어민의 뉘앙스가 살아 있는 네이티브 패턴

고급스럽고 세련된 원어민스러운 표현이 술술 나와요!

원어민이 단번에 알아듣고 감탄하는 영어 표현

75	The thing is, ~	문제는 ~야/사실은 ~야	319
76	I didn't mean to ~	~할 의도는 아니었어	322
77	What I mean is, ~	내 말은 ~	325
78	I'm in the middle of ~	지금 ~하는 중이야	328
79	I'm having second thoughts about ~	~에 대해 다시 생각하고 있어	331
80	It turns out ~	알고 보니 ~였어	334
81	Come to think of it, ~	생각해 보니 ~	337
82	It's not that ~, it's just that ~	~가 아니라 그냥 ~야	340
83	I can't wait to ~	빨리/너무 ~하고 싶다	343
84	Feel free to ~	편하게 ~해	346

부록 말하는 영어 일기

**일상에서 일어날 수 있는 이야기로 리스닝과 스피킹을 동시에 잡는
하이빅쌤의 1:1 시크릿 영어 코칭**

상황 1 지하철에서 만난 쩍벌남 ✦ 354

상황 2 모르는 사람에게 인사를 하다니! ✦ 357

상황 3 카페에서 음료를 잘못 받았어! ✦ 360

상황 4 회사에 지각할 뻔했어! ✦ 363

상황 5 친구와의 싸움 ✦ 366

지금 당장 대화되는
진짜 영어회화를 하고 싶다면

쉬운 영어가 통한다

해외여행을 갔다고 가정해볼까요? 사고 싶은 물건을 찾는데 도통 보이지 않습니다. 점원에게 물어보고 싶은데 막상 말을 하려니 입이 떨어지지 않아요. 왜 그럴까요? 그동안 잘못된 방법으로 영어를 배웠기 때문입니다.

영어로 말을 하려고 하면 대부분 문법부터 떠올립니다. 학교에서 배웠던 3형식, 4형식, 5형식 같은 복잡하고 어려운 구문이 머릿속을 꽉 채우고 완벽한 문장을 만들려다 보니 정작 입은 열리지 않죠. "I'm good."이 몇 형식인지 아세요? 모르겠다고요? 맞습니다. 알 필요 없습니다.

단어를 먼저 떠올리는 사람도 있어요. 정확한 뜻의 단어를 찾고, 학창 시절 고생하며 외웠던 관용어구와 숙어를 기억 어디에선가

끄집어냅니다. 단어 앞에 a를 넣어야 할지, the를 넣어야 할지 고민도 합니다. 그러는 사이 문장은 더욱더 복잡해지고 입을 뗀다 해도 의사소통이 매끄럽지 않죠.

    14살에 미국으로 건너갔을 때 제 머릿속에는 하고 싶은 말이 너무나 많았습니다. 미국인 룸메이트와 이야기도 하고 싶었고 선생님께 묻고 싶은 질문들도 가득했죠. 하지만 현실은 잔혹했습니다. 입에서 한마디도 나오지 않았거든요. 절망적이었죠. 그러다 깨달았습니다. '하고 싶은 말'이 아니라 '할 수 있는 말'부터 시작해야 한다는 것을요. 간단한 단어들부터 입에서 술술 나오도록 연습했습니다. 틀려도 괜찮으니까 일단 소리 내보고, 짧고 간단한 문장부터 자연스럽게 말하도록 꾸준히 연습했습니다. 결국 이 작은 성공들이 쌓이면서 제 안의 영어 공포증이 조금씩 사라졌고, 드디어 하고 싶은 말도 유창하게 할 수 있게 되었습니다.

    학교에서 배운 문법과 숙어는 전부 잊어도 좋습니다. 폼 나 보이는 긴 문장으로 유창하게 말할 필요도 없어요. 아이들은 복잡한 용어의 문법책 없이, 단어만 나열된 단어 책 없이도 자연스럽게 말하는 것처럼 우리도 한 단어 혹은 최소한의 단어로 쉽고 단순 명료하게 표현해야 합니다. 누구나 알고 있는 한 두 단어로 이루어진 패턴으로 말을 먼저 떼어봐야 합니다. 문법이 완벽하지 않아도 일단 입을 열고 말하기 시작하면 분명 나머지는 저절로 따라옵니다.

백날 연습해도 당신의 영어를
원어민이 못 알아듣는 이유

여러 영어 패턴을 알고 문장을 완벽하게 만들더라도 정확한 소리를 내지 못한다면 과연 매끄러운 소통이 가능할까요?

14살에 영어 한마디 못 하는 상태로 미국 고등학교에 입학했던 저는 "I'm Amanda."라는 말에 '엥? '맨다'가 뭐지?' 하며 친구의 이름도 제대로 알아듣지 못했습니다. 분명 짧은 문장인데도 전혀 알아들을 수 없었죠. 하루에도 몇 번씩 울고 싶었지만 포기할 수 없었어요. 그래서 매일 부딪쳤습니다.

그 과정에서 깨달은 사실이 있습니다. 우리가 학교에서 배운 영어 발음과 원어민이 실제로 말하는 소리는 완전히 다르다는 것이었어요. 예를 들어 'I'm going to'를 [아임 고잉 투]로 또렷하게 발음하면 원어민은 알아듣지 못합니다. 그들은 [암거네]라고 말하거든요. "I'm

Amanda."도 [아임 아만다]가 아니라 [아머매앤더]라고 연음해야 제대로 이해할 수 있죠.

영어의 강세도 제가 알아듣지 못하는 데 한몫했습니다. 한국어와 달리 영어에는 한 단어에도 강세 있는 음절과 강세 없는 음절이 있어요. 영어 발음기호를 보면 /ˈ/ 표시가 있는데, 바로 강세 표시입니다. 이 표시 뒤의 음절에 강세를 줘야 한다는 의미죠. 예를 들면 important의 발음기호는 [ɪmˈpɔːrtəntə]예요. 단어 중간에 /ˈ/ 표시가 있습니다. 그러면 [임포오r튼트]가 아니라 [임**포오**r튼트]로 길고 또렷하게 소리 내야 하지요.

이처럼 연음의 원리를 이해하고 강세를 주어 발음하는 방법을 익히지 않으면 원어민의 소리를 알아듣기 어려울 뿐 아니라 원어민도 당신의 영어를 알아들을 수 없습니다. 콩글리시는 이제 그만해야 합니다. 'Tell me'를 [텔 미]가 아닌 [테어미]로, 'I'll go'를 [아이윌 고]가 아닌 [알**고**우]로 발음되는 연음의 원리와 강세를 익혀야 해요. 그래야 원어민이 찰떡같이 알아들을 수 있고 통하는 영어가 됩니다.

알고 있는 쉬운 영어 단어로도
충분히 말할 수 있다

"나 갈 준비 됐어!"를 영어로 말해볼까요? 혹시 'I prepare to ~'를 머릿속으로 떠올리지 않았나요? 자연스러운 표현은 "I'm ready to go."입니다. "나 여기 운동하러 왔어"는 영어로 어떻게 표현할까요? 'I come here~'로 시작하지 않았나요? 원어민들이 자주 쓰는 표현은 "I'm here to exercise."입니다. 학교에서 be 동사부터 배우지만, 'I'm here to~'가 쉽게 떠오르지 않죠.

사실 우리가 중학교 때 배운 단어만으로도 일상 대화의 90%는 해결됩니다. 예를 들어 'Do you ~?'만 사용하면 모든 문장이 쉽게 만들어집니다. '~를 좋아하나요?'를 묻고 싶다면 'Do you like ~?' 혹은 'Do you enjoy ~?'를 쓰면 됩니다. '~가 있어, ~가 없어'라고 말하고 싶을 땐 'There is/are ~'를 사용하면 돼요. "고양이가 있어"는

"There is a cat."으로, "근처에 식당 두 곳이 있어"는 "There are two restaurants nearby."로 표현할 수 있죠. 이렇듯 한두 단어로 이루어진 패턴만 익혀도 충분히 원어민과 대화할 수 있습니다. 한 단어, 두 단어로 된 패턴에 몇 개의 단어만 갈아 끼우면 수십 개의 문장이 만들어집니다.

또 go, get, have, make, look, take 같은 기초 동사 하나로도 수십 가지 상황을 표현할 수 있습니다. 예를 들어 볼게요. 영어를 배우면서 자주 마주치는 동사 중 하나가 바로 get입니다. 대부분 '얻다'라는 뜻만 많이 알고 있는데, 실제 회화에서는 훨씬 폭넓게 쓰여요. 상대방이 무슨 말을 했을 때 고개를 끄덕이며 "I get it."이라고 말하면 "아, 이해했어"라는 뜻이 됩니다. 또 계절이 바뀔 때 "날씨가 추워지고 있어"라고 표현하고 싶을 때는 "The weather is becoming cold."가 아니라 "It's getting cold."라고 말하면 되지요. 이렇게 get은 상황에 따라 '이해하다', '~해지고 있다', '연락하다(get in touch)' 같은 표현으로 끝없이 확장됩니다. 문법 설명을 몰라도 자주 쓰이는 get 패턴을 반복해서 익히면 대화 속에서 바로 활용할 수 있어요.

go 역시 마찬가지입니다. 단순히 '가다'라는 뜻으로만 알고 있다면 반쪽짜리 이해에 불과합니다. "I'm gonna(going to) clean."이라고 쓰면 "청소할 거야"라는 계획을 말하는 표현이 됩니다. 레스토랑에서 음식을 주문할 때는 "I'll go with the steak."라고 말합니다. "스테이크로 할게요"라는 뜻으로, 우리가 알고 있던 의미와 전혀 다르게 '선택하다'라는 의미로 쓰이지요.

look도 다양한 뜻으로 활용됩니다. "Look at that puppy."라고 쓰면 "저 강아지 좀 봐"라는 뜻이에요. 그런데 "Look out for ice on the road."로 쓰면 "도로 위의 얼음을 조심해"라는 의미입니다.

　　　이처럼 원어민들의 일상 대화에서 대부분을 차지하는 단어는 이미 우리가 알고 있는 기초 단어들입니다. 단, 단어 각각의 의미를 암기하는 게 아니라 그 단어가 포함된 덩어리 표현들을 익히면 영어로 말하는 것이 훨씬 수월해지지요. 기본 패턴을 익히고 단어를 바꿔가며 반복해서 연습해보세요. 자연스럽게 영어 문장이 입에서 터져 나올 겁니다.

영어회화 잘하려면
이렇게 소리 내야 한다

"영어로 무슨 말을 해도 한국어로 말하는 것처럼 들려요." 이런 고민을 많이 하는데요. 영어 스피킹이 어려운 이유는 단순히 단어를 모르거나 문법이 부족해서가 아닙니다. 바로 한국어와 영어의 소리 체계가 근본적으로 다르기 때문입니다.

"사람은 자기가 낼 수 없는 소리를 듣고 구별하는 데 어려움을 겪는다"라고 합니다. 이는 언어학, 음성학 분야에서 이미 꽤 많이 연구된 사실이죠. 원어민과의 소통이 원활해지고 리스닝과 스피킹이 자연스러워지려면 영어가 가진 기본적인 소리의 특징을 살려 말할 수 있어야 합니다. 수많은 학습자들을 가르치면서 발견한 영어 쫀쫀하게 말하기 핵심 노하우 3가지를 소개합니다.

비법 1. 영어 소리에 시동을 걸자 – 강세의 힘

| 한국어 소리 vs 영어 소리 |

한국어는 비교적 평평하게 발음되지만, 영어는 강세가 생명이에요. 마치 자동차의 시동을 걸 때처럼 강세가 오는 첫 자음부터 힘 있고 또렷하게 소리 내야 합니다.

영어의 모든 단어에는 고유의 강세가 있어요. 발음기호를 알고 있으면 영어 소리를 이해하는 데 큰 도움이 됩니다. 앞에서도 잠깐 설명했듯 보통 단어의 스펠링 위에 표시된 /ˈ/ 기호는 그 뒤에 오는 음절에 강세를 주라는 뜻입니다. /ˌ/처럼 아래쪽에 표시된 기호는 가장 중요한 1차 강세 다음으로 가볍게 힘을 주라는 의미입니다. 다만 실제 소리를 낼 때는 1강세와 2강세에 굳이 세기를 구분하지 않고, 두 군데 모두 강세가 오는 것처럼 발음하면 자연스럽게 들려요.

purchase → [ˈpɜːtʃəs] 1음절 강세
decide → [dɪˈsaɪd] 2음절 강세
destination → [ˌdes.təˈneɪ.ʃən] 1, 3음절 강세

저에게 영어를 배우는 학생 중 한 분이 가족과 함께 뉴욕에 있는 박물관에 갔는데, 티켓 카운터에서 계속 "떨트, 떨트" 소리만 했다고 하더군요. 그분은 해외 생활을 오래 해서 영어를 잘하는 편인데도 도저히 알아들을 수 없었답니다. 알고 보니 직원이 "How many adults?"라고 물었는데, adults의 du에 강세가 있어 a는 슈와 소리(ə)로 거의 들리지 않았던 거였어요. 그러므로 우리는 [어덜트]가 아니라

[(으)덜티]로 강세 연습을 해야 합니다.

　　　강세가 오는 음절은 가볍게 소리를 높여서 또렷하게 발음하는 것이 중요합니다. 이때 모음의 길이에도 주의해야 해요. 장모음과 이중모음은 '길고 분명하게', 단모음은 '짧지만 힘 있고 또렷하게' 소리 내야 원어민의 발음처럼 들립니다. 한국어에는 강세 개념이 없기 때문에 영어 공부를 하는 학생들이 이 부분을 가장 어려워하지만, 강세 훈련을 하면 영어의 리듬이 생기고 전달력이 높아집니다. 그렇다면 어떻게 강세 훈련을 해야 할까요? 우선 귀찮더라도 발음 사전을 열심히 찾아봐야 합니다. 스펠링만으로는 강세를 알 수 없기 때문이죠. 그리고 강세가 오는 모음의 발음기호를 꼭 알아두세요. 내가 발음하는 강세의 모음이 장모음과 이중모음이라면 여유 있고 길게 소리 내야 하기 때문입니다.

비법 2. 단어가 아니라 내용이 들리게 - 연음의 마법

| 끊어지는 말 vs 이어지는 말 |

아래의 문장을 한번 읽어봅시다.

　　　He's an American.

　　　혹시 [히이즈 언 아메리칸] 이렇게 하나하나 정확하게 읽지 않았나요? 한국어처럼 소리를 하나하나 또박또박 발음하면 영어는 매우 어색해집니다. 영어는 덩어리로 한 호흡에 연음해서 말해야 자연스러워요. 개별 단어의 정확성보다 강세와 자연스러운 흐름이 의사소통에 더 중요하거든요. 그럼 어떻게 읽어야 할까요?

잘못된 발음: 히이즈 언 아메리칸 (단어별로 또렷하게)
올바른 발음: 히저너 **메**뤼큰 (연음으로 자연스럽게)

가장 많이 틀리지만 제일 중요한 연음 법칙은 바로 '자음 + 모음' 법칙입니다. 영어에서는 자음으로 끝나는 단어와 모음으로 시작하는 단어가 만날 때 자음 소리가 다음 단어의 모음 소리로 이어져 발음되는 특징이 있어요. 예를 들어 look up은 [루크 업]처럼 끊기게 발음하는 게 아니라 look의 [ㅋ] 소리와 up의 [어] 소리를 자연스럽게 연결시켜 [르컵] 혹은 [르껍]으로 소리 냅니다. check in은 어떻게 발음할까요? [체크 인]이 아니라 [췌킨] 혹은 [췌낀]으로 발음하죠. keep it은 [키이핏] 혹은 [키이삣]으로 발음합니다. 미국식 발음에서 된소리가 가볍게 나는 이유는 단어가 k, p 또는 '자음 + t'로 끝나는 경우 빠르게 말하면 자음이 된소리로 날 수 있기 때문이에요.

뿐만 아니라 t나 d가 모음과 모음 사이에 있을 때는 t가 또렷하게 소리 나는 게 아니라 'Flap T' 소리가 납니다. Flap T는 water를 발음할 때 t를 굴려서 소리 내는 미국식 발음입니다. 예를 들어 put in은 put의 [t]가 모음 [ㅜ]와 [ɪ] 사이에 있어요. 원래 t 소리를 살려 [프틴]으로 소리 내는 것도 가능하지만 보통은 Flap T 소리로 바꾸어 [프린]으로 발음하죠. 마찬가지로 shut off는 [셧 오f]가 아니라 [셔러f]처럼 소리 냅니다.

비법 3. 영어는 리듬을 타자 – 리듬의 비밀

| 기능어 vs 내용어 |

많은 한국인들이 영어로 말할 때 보면 마치 로봇이 말하는 것처럼 딱딱하게 들려요. 그 이유는 모든 단어를 똑같은 세기와 속도로 발음하기 때문입니다. 한국어는 비교적 균등한 리듬을 가진 언어인 반면 영어는 리미컬한 리듬이 느껴지는 언어입니다. 음악에 박자와 강약이 있듯 영어에는 고유한 리듬과 강세의 흐름이 있어요. 그래서 문장 안에 있는 모든 단어를 똑같은 세기로 말하는 것이 아니라 중요한 단어는 강하게, 덜 중요한 단어는 약하게 발음하죠.

영어에서 중요한 단어는 내용어이고, 덜 중요한 단어는 기능어입니다. 내용어는 문장에서 핵심적인 의미를 전달하는 단어로, 일반적으로 강하게 발음하죠. 기능어는 문법적 기능을 담당하며 단어와 단어를 연결하거나 문장 구조를 만드는 역할을 해요. 일반적으로 약하게 발음합니다.

내용어(Content Words)에 포함되는 품사
- 명사: house, car, love, happiness 등
- 동사: run, think, believe, understand 등
- 형용사: beautiful, difficult, important, red 등
- 부사: quickly, carefully, suddenly, really 등

기능어(Function Words)에 포함되는 품사
- 관사: a, an, the

- 전치사: in, on, at, for, with, by, of, to 등
- 접속사: and, but, or, so, because, if, when 등
- 대명사: I, you, he, she, it, they, we, us, them
- 조동사: am, is, are, was, were, have, has, do, does, will, would, can, could, should 등
- 기타: not, there, here, some, any, much, many 등

이제 실제 문장에 강세를 적용해볼까요?

I **went** to the **store** and **bought** some **milk**.

이 문장에서 핵심 정보를 담은 내용어는 went, store, bought, milk입니다. 내용어는 강세를 주어 크고 명확하게 발음하고, 문법적 기능을 담당하는 기능어 즉 I, to, the, and, some은 약하게 힘을 빼고 빠르게 소리 냅니다. 이때 강세를 받는 음절들 사이의 시간 간격은 거의 균등하게 유지되며, 기능어들은 앞뒤 단어와 자연스럽게 연음되어 [아웬트더ㅅ토어r 앤바앗썸미을크]처럼 흘러갑니다.

이런 식으로 리듬을 타면서 말해보세요. 한국인 특유의 딱딱하고 로봇 같은 발음에서 벗어나 원어민들이 듣기에 자연스럽고 편안한 영어를 구사할 수 있습니다. 중요한 정보는 강조하고 덜 중요한 연결어들은 빠르게 지나가는 영어 고유의 음악성도 체득하게 될 겁니다.

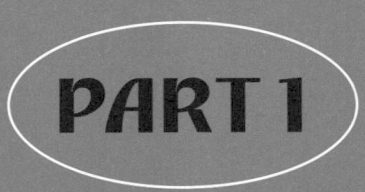

원어민이 입에 달고 사는 왕초보 기초 패턴

기본 단어로 누구나 내일 당장 대화할 수 있어요!

I'm

나에 관해 이야기할 때는 I am의 축약형인 I'm을 사용해요. 영어를 배울 때 가장 먼저 배우는 만큼 원어민이 입에 달고 사는 가장 기본적인 패턴입니다. 나의 상태, 생각, 의견, 행동, 적극적인 의지 등을 표현할 때 유용해요.

01 I'm ready to ~.
02 I'm here to ~.
03 I'm not used to ~.
04 I'm sorry for ~.

I'm ready to ~
나 ~할 준비됐어

A Are you nervous about the test?
시험 보는 거 긴장돼?

B No. I'm ready to ace it.
아니. 난 시험 잘 볼 준비됐어.

A I like your confidence. Good luck!
너의 자신감이 마음에 들어. 행운을 빌게!

B Thanks!
고마워!

nervous (너rv으s) 긴장한   **ace** (에이s) 무언가를 잘 해내다
confidence (카안f이든s) 자신감

'저 ~할 준비가 됐어요'라는 뜻으로, 어떤 행동을 할 준비가 되었을 때 사용합니다. 자신의 적극적인 의지나 결심을 나타낼 때도 유용한 표현이지요. 일상적인 표현이기 때문에 다양한 상황에서 폭넓게 사용할 수 있으니 꼭 알아두세요. 이 패턴 뒤에는 동사원형을 씁니다.

유사 표현

- I'm prepared to go.
  I'm prepared to ~도 마찬가지로 '저 ~할 준비가 됐어요'라는 뜻이에요. I'm ready to ~보다 더 계획적이고 격식 있는 뉘앙스를 담고 있어요. 따라서 비즈니스나 공식적인 상황에서 사용하면 좋아요.

MP3 듣기

집중 훈련! 이렇게 표현해요

- **I'm ready to work.**
  나 일할 준비됐어.

- **I'm ready to listen.**
  나 들을 준비됐어.

listen (리쓴) 귀 기울여 듣다

- **I'm ready to talk.**
  나 얘기할 준비됐어.

- **I'm ready to order.**
  나 주문할 준비됐어.

order (오어r러r) 주문하다

- **I'm ready to have fun.**
  나 재밌게 놀 준비됐어.

> fun은 '재미'라는 뜻의 명사로, 영어에서는 동사처럼 바로 쓸 수 없어요. 그래서 'have + 명사' 형태로 '~을 갖다'라고 표현해요. 따라서 have fun은 '재미를 갖다' 더 자연스럽게 해석하면 '재미있게 놀다/즐기다'라는 뜻이 됩니다.

소리내봅시다

I'm rea dy to go.

[aɪm ˈredi]   [tə goʊ]
아임**뤠**디   트고우

→ 이렇게 발음하면 안 돼요! [아임 레디 투 고]

나 갈 준비됐어.

I'm은 기능어이기 때문에 짧고 가볍게 [아임] 또는 빠르게 [암]으로 발음합니다. ready는 내용어이므로 강세를 주어 또렷하게 말해야 해요. re는 입술을 앞으로 내밀며 [(우)뤠]로 소리 내다가 가볍게 [dy/디]로 이어져 [뤠디]로 발음하면 됩니다. to는 [투]가 아니라 짧고 가볍게 [트]로 소리 내요. go는 내용어이기 때문에 입술을 둥글게 모아 이중모음 [oʊ]를 또렷하고 길게 [고우]로 발음합니다. 이때 [고]에서 끝내지 않고, [oʊ]의 두 번째 소리인 [우]까지 분명하게 들리도록 소리 내는 것이 중요해요.

해설 직강 듣기

I'm here to ~
나 ~하러 왔어

A Welcome! How can I help you today?
어서 오세요! 어떻게 도와드릴까요?

B I'm here to get a refund for this shirt.
이 셔츠 환불하러 왔어요.

A Oh, is there something wrong with it?
셔츠에 무슨 문제가 있나요?

B It's too big on me.
저한테는 너무 커서요.

get a refund (게러 뤼이f언드) 환불하다   wrong (뤙) 잘못된

 자신의 목적이나 의도를 명확하게 표현할 때 사용해요. '저 ~하러 왔어요'라는 뜻으로, 이 패턴 바로 뒤에 자신의 목적을 나타내는 동사원형이 따라옵니다. 일상에선 자신이 특정 장소에 온 이유를 설명할 때, 비즈니스 상황에선 자신의 역할을 설명할 때 사용해요. 즉 활용도가 아주 높은 패턴입니다.

유사 표현

- **I'm here today to help.**
I'm here today to ~는 '저 오늘 ~하러 왔어요'라는 뜻으로, '오늘'이라는 특정한 날을 강조하는 패턴이에요. 평소에 하지 않는 특별한 일이거나 오늘만 하는 특정한 행동 또는 목적을 강조할 때 사용해요.

MP3 듣기

집중 훈련! 이렇게 표현해요

- **I'm here to exercise.**
  나 운동하러 왔어.

- **I'm here to relax.**
  나 휴식하러 왔어.

  relax (륄래액s) 휴식을 취하다

- **I'm here to see you.**
  너 보러 왔어.

- **I'm here to buy something.**
  뭐 좀 사러 왔어.

  something (썸th잉) 어떤 것

- **I'm here to meet my friends.**
  친구들 만나려고 왔어.

  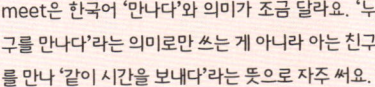
  meet은 한국어 '만나다'와 의미가 조금 달라요. '누구를 만나다'라는 의미로만 쓰는 게 아니라 아는 친구를 만나 '같이 시간을 보내다'라는 뜻으로 자주 써요.

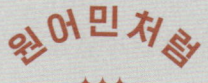

소리내봅시다

> # I'm here to help.
>
> **[aɪm hɪr]**　　**[tə help]**
> 아임**히**어r　　트**헤**엎
>
> → 이렇게 발음하면 안 돼요! [아임 히어 투 헬프]
> 나 도와주려고 왔어.

here은 내용어이므로 [hɪ] 부분이 또렷하게 들리도록 강세를 줍니다. 이때 h는 바람 빠지는 소리를 내며 부드럽게 시작하다가 [어r] 소리로 자연스럽게 연결해 [히어r]처럼 발음합니다. help를 발음할 때는 l이 Dark L 사운드로 발음된다는 사실을 기억해야 해요. Dark L은 음절 끝에 오는 L 소리로, 혀끝을 윗잇몸에 강하게 붙이지 않고 입안 깊숙이 울리도록 [어] 또는 [여]로 소리 내는 것이 특징입니다. 그래서 help는 [헬프]가 아니라 [헤엎]처럼 발음하는 게 더 자연스러워요.

해설 직강 듣기

03
I'm not used to ~
나 ~에 익숙하지 않아

A Why are you walking so slowly?
왜 이렇게 천천히 걷는 거야?

B I'm not used to wearing heels.
힐 신는 게 익숙하지 않아서 그래.

A You'll get the hang of it soon.
곧 익숙해질 거야.

B I just hope I don't trip and fall.
그냥 넘어지지만 않으면 좋겠어.

get the hang of it (겟더행어v잇) 요령을 터득하다, 감을 잡다   **trip** (츄립) 발을 헛디디다

used to는 '익숙한'이라는 뜻이에요. 따라서 I'm not used to ~는 '저 ~에 익숙하지 않아요'라는 의미입니다. 어떤 상황이나 행동이 익숙하지 않다는 것을 표현할 때 사용하며, 이 패턴 뒤에는 명사나 동명사가 따라 옵니다. 자신의 불편함이나 어색함을 상대방에게 전달하고 싶을 때 많이 사용되는 표현이에요.

유사 표현

- I'm not used to this city yet.
  I'm not used to ~ yet은 '아직 ~에 익숙하지 않아요'라는 뜻이에요. 현재는 익숙하지 않지만, 시간이 지나면 적응할 거라는 것을 표현할 때 사용해요. 긍정적인 변화가 곧 이루어질 것이라는 느낌을 줍니다.

MP3 듣기

집중 훈련! 이렇게 표현해요

- **I'm not used to wearing glasses.**
  안경을 끼는 게 익숙하지 않아.

  wearing (웨륑) (옷, 모자, 장갑 등을) 착용하다

- **I'm not used to the cold.**
  추위에 익숙하지 않아.

  > the cold라고 하면 단순히 찬 온도뿐 아니라 추운 날씨 전체를 뜻해요. 그래서 '겨울에 익숙하지 않다'라는 뉘앙스로도 쓰여요.

- **I'm not used to waking up early.**
  일찍 일어나는 데 익숙하지 않아.

  early (어r(을)리) 일찍

- **I'm not used to using chopsticks.**
  젓가락을 사용하는 데 익숙하지 않아.

  chopsticks (촤압s띡s) 젓가락

- **I'm not used to this software.**
  이 소프트웨어가 익숙하지 않아.

소리내봅시다

I'm not used to this city.

[aɪm nɑːt ˈjuːstu]
아임 **나**앗 **유**우s트

[ðɪs ˈsɪɾi]
디s**씨**리

→ 이렇게 발음하면 안 돼요! [아임 낫 유즈드 투 디스 시티]

이 도시가 익숙하지 않아.

---

not은 내용어이므로 [ɑː]를 발음할 때 턱을 충분히 벌려 [나앗]처럼 길고 여유 있게 소리 내야 자연스럽습니다. used to는 발음할 때 혀의 위치가 같은 d와 t가 만나 d가 약화되고 t만 남아 [유우s트]로 발음해요. 이때 [유즈드투]처럼 또박또박 말하지 않도록 주의하세요. this는 보통 기능어로 쓰이지만, 문맥상 비교 대상이 명확할 경우 또렷하게 발음합니다. th 발음인 [ð]는 혀끝을 윗니와 아랫니 사이로 살짝 내밀었다가 공기를 빼며 부드럽게 [디s]로 발음하거나, 좀 더 간단히 [d]로 처리해도 좋아요. city는 내용어이므로 첫음절 [sɪ]에 강세를 주어 [씨티]처럼 발음해도 됩니다. 하지만 미국식 발음에서는 모음과 모음 사이에 t가 있으면 Flap T로 바뀌면서 [씨리]처럼 부드럽게 이어서 말해요.

해설 직강 듣기

I'm sorry for ~
~해서 미안해

A **Why did you tell Sarah my secret?**
왜 사라에게 내 비밀을 말했어?

B **I'm sorry for spilling the beans.**
비밀을 말해서 미안해.

A **I trusted you!**
난 널 믿었는데!

B **I didn't mean to. It just slipped out.**
일부러 그런 거 아니야. 그냥 튀어나왔어.

spill the beans (s삘더비인z) 비밀을 말하다   **slipped out** (s(을)맆따웃) 무심코 튀어나왔다

진심 어린 사과를 표현하며, 상대방과의 관계를 회복하거나 개선하고 싶을 때 유용한 패턴이에요. '~해서 죄송해요'라는 뜻으로, 자신이 한 행동에 대해 상대방에게 미안한 마음을 전달하고 싶을 때 사용합니다. 매우 일상적인 패턴이라 쉽게 접할 수 있을 거예요. 이 패턴 뒤에는 주로 동명사나 명사가 따라옵니다.

유사 표현

- I apologize for being late.
  I apologize for ~는 '~해서 죄송합니다'라는 뜻으로, '늦어서 죄송해요'라는 의미입니다. I'm sorry for ~보다 공식적이고 격식 있는 느낌이에요. 따라서 일상보다 비즈니스 같은 상황에서 사용하면 좋아요.

MP3 듣기

집중 훈련! 이렇게 표현해요

- **I'm sorry for hurting you.**
  상처 줘서 미안해.

- **I'm sorry for the mistake.**
  실수해서 미안해.

  mistake (미s떼익) 실수

- **I'm sorry for making you worry.**
  걱정하게 해서 미안해.

  > make you worry는 직역하면 '너를 걱정하게 만들다'예요. 영어에서는 그냥 worry you 라고도 하지만, make you worry라고 하면 내 행동 때문에 상대방이 걱정하게 됐다는 뉘앙스를 더 분명하게 전할 수 있어요.

- **I'm sorry for raising my voice.**
  소리 질러서 미안해.

  raise my voice (뤠이z 마이 v오이s) 언성을 높이다, 소리 지르다

- **I'm sorry for the confusion.**
  혼란스럽게 해서 미안해.

  confusion (컨f유우ᴢ연) 혼란

소리내봅시다

I'm sorry for being late.

[aɪm ˈsɔːri]
아임**써어뤼**

[fɚ ˈbiːɪŋ leɪt]
f오**비**잉**레**잇

→ 이렇게 발음하면 안 돼요! [아임 쏘리 포 비잉 레이트]

늦어서 미안해.

I'm은 기능어로 강조하지 않고 가볍게 소리 내다가 이어지는 내용어 sorry에서 강세가 또렷하게 들리도록 발음해요. [sɔː]는 턱을 충분히 벌려 길게 [써어]로 소리 내고, [ri]는 입술을 앞으로 내밀며 [뤼]로 자연스럽게 이어 전체적으로 [써어뤼]처럼 발음하면 됩니다. for는 힘을 뺀 상태로 바람 소리를 짧게 내며 [f오]처럼 r이 두드러지지 않게 처리하는 게 좋아요. being은 내용어로, [biː]는 [비이]처럼 길게, [ŋ]은 혀 뒷부분을 들어 코 뒤로 울리듯 부드럽게 이어 [비잉]으로 발음해요. 마지막 단어 late도 내용어예요. [l]은 강세를 주어 또렷하게 [(을)레잇]으로 발음하되 끝의 [t]만 살짝 약화시켜 자연스럽게 마무리합니다.

해설 직강 듣기

복습하기　　　　　　　　　　　　01~04

- I'm ready to work.
- I'm ready to talk.
- I'm ready to order.
- I'm ready to have fun.
- I'm here to exercise.
- I'm here to see you.
- I'm here to buy something.
- I'm here to meet my friends.
- I'm not used to wearing glasses.
- I'm not used to the cold.
- I'm not used to waking up early.
- I'm not used to using chopsticks.
- I'm sorry for the mistake.
- I'm sorry for making you worry.
- I'm sorry for raising my voice.
- I'm sorry for the confusion.

- 나 일할 준비됐어.

- 나 얘기할 준비됐어.

- 나 주문할 준비됐어.

- 나 재밌게 놀 준비됐어.

- 나 운동하러 왔어.

- 너 보러 왔어.

- 뭐 좀 사러 왔어.

- 친구들 만나려고 왔어.

- 안경을 끼는 게 익숙하지 않아.

- 추위에 익숙하지 않아.

- 일찍 일어나는 데 익숙하지 않아.

- 젓가락을 사용하는 데 익숙하지 않아.

- 실수해서 미안해.

- 걱정하게 해서 미안해.

- 소리 질러서 미안해.

- 혼란스럽게 해서 미안해.

I have

be 동사와 더불어 영어에서 가장 많이 사용되는 단어로 have만 잘 써도 네이티브처럼 말할 수 있어요. '가지다', '소유하다' 의미 외에도 '~를 해본 적 있다'처럼 경험을 말할 때도 사용하고 '~해야 한다'라는 의무를 나타낼 때도 씁니다.

05 I've been to ~.

06 I have to ~.

07 I have time to ~.

08 I have trouble ~.

09 I have a feeling ~.

05

I've been to ~
나 ~에 가본 적 있어

A **Have you ever been to Japan?**

너 일본에 가본 적 있어?

B **Yes, I've been to Tokyo twice.**

응, 도쿄에 두 번 가봤어.

A **I want to go there. Any recommendations?**

나도 가보고 싶다. 추천할 만한 곳 있어?

B **You should visit Shibuya. The nightlife is amazing!**

시부야에 가봐. 밤 문화가 정말 멋져!

recommendations (뤠꺼멘데이션s) 추천   nightlife (나잇라이f) 밤 문화

 I have been to ~의 축약형이에요. 자신이 특정한 장소에 가본 경험이 있다는 것을 표현할 때 사용해요. 반대로 특정 장소에 한 번도 가본 적이 없을 때는 '결코 ~한 적이 없다'라는 뜻의 never를 더해 I've never been to ~로 씁니다. '나 ~에 가본 적 없어요'라는 뜻으로, 두 패턴 뒤에는 주로 장소나 명사를 붙이면 돼요.

유사 표현

- I've been to Paris once.
  '나는 파리에 한 번 가본 적이 있어요'라는 뜻으로, I've been to ~ 뒤에 횟수를 추가해서 몇 번 가봤는지 구체적으로 말할 수 있어요. 한 번이면 once, 두 번이면 twice, 그 이상이면 '숫자 + times'로 표현해요.

MP3 듣기

집중 훈련! 이렇게 표현해요

- **I've been to** New York.
  나 뉴욕에 가본 적 있어.

- **I've been to** that museum.
  나 그 박물관에 가본 적 있어.

  museum (뮤z이음) 박물관

- **I've been to** the opera.
  나 오페라에 가본 적 있어.

- **I've never been to** a tropical island.
  나 열대 섬에 가본 적 없어.

  tropical island (츄롸삐컬아일른ㄷ) 열대 섬

- **I've never been to** the Grand Canyon.
  나 그랜드 캐니언에 가본 적 없어.

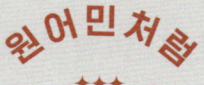

소리내봅시다

> # I've been to Paris.
>
> [aɪv bɪn tə]   [ˈpærɪs]
> 아이v**빈** 트   **패**애뤼s
>
> → 이렇게 발음하면 안 돼요! [아이브 빈 투 페리스]
>
> 나 파리에 가본 적 있어.

I have의 축약형 I've는 기능어이므로 [아이브]가 아니라 힘을 빼고 가볍게 [아이v]로 발음해요. 바로 뒤에 이어지는 단어가 자음으로 시작하기 때문에 v는 f 발음과 비슷하게 바람이 느껴지도록 가볍게 처리합니다. been은 입술을 꾹 다물었다가 짧고 단단하게 [빈]으로, to는 기능어로 약화되어 [투]보다 [트]로 소리 냅니다. Paris는 내용어예요. 강세가 오는 [pæ]는 입술을 꾹 다물었다가 살짝 터트리듯 [(읍)페]처럼 발음하고, [rɪs]는 입술을 살짝 내밀며 [뤼s]로 부드럽게 이어서 소리 냅니다.

해설 직강 듣기

06
I have to ~
나 ~해야 해

A **Let's grab coffee in the morning!**
아침에 커피 마시러 가자!

B **I can't. I have to go to the dentist.**
안 돼. 나 치과에 가야 해.

A **Oh no! Do you have a toothache?**
어머! 이빨 아파?

B **Yeah, it's been bothering me all week.**
응, 이번 주 내내 신경 쓰였어.

dentist (덴티sㅌ) 치과, 치과 의사   **toothache** (투우th에이크) 치통
bothering (바아더륑) 신경 쓰이게 하다

자신이 해야 하는 일이나 의무를 표현할 때 사용하는 패턴이에요. 주로 회사 규정, 법적 의무, 약속 등 외부적인 요인에 따른 의무를 설명할 때 적합하며, 약간의 강제적인 뉘앙스가 있어요. must와 비슷하지만 조금 더 객관적인 느낌입니다. I have to ~ 뒤에는 동사원형이 와요.

> 유사 표현

- I need to study.
  I need to ~도 '~해야 해요'라는 뜻이에요. 하지만 I have to ~와 달리 외부적인 요인이 아니라 개인적인 필요성이나 자신의 판단에 따른 의무를 표현해요. 더 자발적인 뉘앙스를 가지고 있지요.

MP3 듣기

집중 훈련! 이렇게 표현해요

- **I have to wake up early.**
  나 일찍 일어나야 해.

- **I have to pick her up.**
  나 그녀를 데리러 가야 해.

- **I have to finish the report.**
  나 보고서를 끝내야 해.

- **I have to attend the meeting.**
  나 회의에 참석해야 해.

  attend (어텐드) 참석하다

- **I have to pay taxes.**
  나 세금을 내야 해.

  taxes (태액씨s) 세금

소리내봅시다

I have to **stu**dy.

[aɪ ˈhæv tə]   [ˈstʌdi]
아이해애vㅌ   s떠디

→ 이렇게 발음하면 안 돼요! [아이 해브 투 스터디]

나 공부해야 해.

I는 짧고 가볍게 [아이]로 발음합니다. 빠르게 말할 경우 [아]만 들릴 수도 있어요. 이 문장에서 have to는 '~를 해야 한다'라는 강한 의미를 지닌 내용어이므로 강세를 줘야 해요. 그래서 have의 [hæ]를 [해애v]로 또렷하게 소리 내고, to는 기능어로 약화되어 [투]보다 [트]로 짧게 발음합니다. 따라서 [해애vㅌ]처럼 소리 내요. 여기서 v를 [브]로 소리 내지 않고 f처럼 바람 소리가 가볍게 느껴지도록 발음해보세요. study는 내용어이므로 첫음절에 빠르고 또렷하게 강세를 줍니다. 's + k, t, p'는 빠르게 말할 경우 'ㄲ, ㄸ, ㅃ'처럼 소리가 나므로 [s떠디]처럼 발음합니다.

해설 직강 듣기

I have time to ~
나 ~할 시간 있어

A Are you busy right now?
지금 바빠?

B No. Why do you ask?
아니, 왜?

A I was going to go for a walk. Do you want to join?
나 산책하러 가려고. 같이 갈래?

B Sure, I have time to get some fresh air.
그래, 바람 쐬러 갈 시간 있어.

go for a walk (고우 f오어워어ㅋ) 산책하러 가다
get some fresh air (겟썸 f뤠sh에어r) 바람 쐬다

'저 ~할 시간 있어요'라는 뜻으로, 어떤 행동이나 활동을 할 여유가 있다는 것을 강조하고 싶을 때 많이 사용해요. 일상에서 약속을 잡거나 무언가를 계획할 때 자주 사용하는 패턴입니다. I have time to ~ 뒤에는 특정 행동을 나타내는 동사원형을 붙여주면 돼요.

유사 표현

- I have plenty of time to cook.
plenty는 '충분한'이라는 의미이므로 I have plenty of time to ~는 '저 ~할 시간이 충분해요'라는 뜻이에요. 이 패턴은 시간이 많다는 것을 강조하고, 여유롭게 활동할 수 있다는 것을 나타내요.

MP3 듣기

집중 훈련! 이렇게 표현해요

- **I have time to chat.**
  나 얘기할 시간 있어.

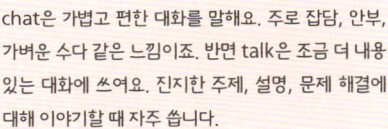

chat은 가볍고 편한 대화를 말해요. 주로 잡담, 안부, 가벼운 수다 같은 느낌이죠. 반면 talk은 조금 더 내용 있는 대화에 쓰여요. 진지한 주제, 설명, 문제 해결에 대해 이야기할 때 자주 씁니다.

chat (챗앳) 이야기를 나누다

- **I have time to meet you.**
  나 너와 만날 시간 있어.

- **I have time to clean my room.**
  나 방 치울 시간 있어.

- **I have time to walk my dog.**
  나 강아지 산책시킬 시간 있어.

- **I have time to discuss the project.**
  나 프로젝트 논의할 시간 있어.

discuss (디스커s) 논의하다

소리내봅시다

I have time to cook.

[aɪ həv taɪm]　　　[tə kʊk]
아이해v타임　　　트크윽

→ 이렇게 발음하면 안 돼요! [아이 해브 타임 투 쿠크]
나 요리할 시간 있어.

I have는 기능어로 힘을 빼고 빠르게 [아이해v] 혹은 have의 h를 약화시켜 [아이애v]로 발음합니다. time은 내용어이므로 t부터 잘 들리도록 또렷하게 소리 내요. 이중모음 [aɪ]는 길고 여유롭게 [타이]로 발음합니다. to는 기능어로 약화되어 [투]가 아니라 짧고 가볍게 [트]로, cook은 내용어라서 맨 앞 [k]부터 또렷하게 소리 냅니다. [ʊ]는 [우]가 아니라 우리말 [으]에 가까운 소리예요. 따라서 cook은 [쿡]이 아니라 [크윽]처럼 발음해야 자연스러워요.

해설 직강 듣기

08

I have trouble ~
나는 ~하는 게 어려워

A **How's driving practice going?**
운전 연습은 잘 돼가?

B **Not good. I have trouble parking.**
아니. 주차하는 게 어려워.

A **You should practice in an empty parking lot.**
빈 주차장에서 연습해 봐.

B **Good idea. I'll do that this weekend.**
좋은 생각이야. 이번 주말에 해볼게.

empty (엠띠) 비어 있는　parking lot (파아r킹라앗) 주차장

trouble은 '문제', '어려움'이라는 뜻의 단어예요. 따라서 I have trouble ~은 '저는 ~하는 게 어려워요'라는 뜻으로 일상생활, 학업, 직장 등 특정한 상황이나 행동에서 어려움을 겪고 있음을 표현할 때 자주 사용해요. 이 패턴 뒤에는 주로 동명사가 옵니다.

> 유사 표현

- I have a hard time sleeping.
  I have a hard time ~은 '저는 ~하는 데 어려움을 겪어요'라는 뜻으로, '저는 잠을 잘 못 자요'라는 의미예요. I have trouble ~보다 비격식적이고 자신의 경험과 감정을 강조하는 느낌이에요. 그래서 일상적인 대화에서 더 자주 사용됩니다.

MP3 듣기

집중 훈련! 이렇게 표현해요

- **I have trouble focusing.**
  나는 집중하는 게 어려워.

  focusing (f오우끄씽) 집중하는 것

- **I have trouble remembering names.**
  나는 이름을 기억하는 게 어려워.

- **I have trouble saving money.**
  나는 돈을 모으는 게 어려워.

- **I have trouble trusting people.**
  나는 사람들을 신뢰하는 게 어려워.

- **I have trouble expressing my feelings.**
  나는 내 감정을 표현하는 게 어려워.

  expressing (익s프뤠씽) 표현하는 것

소리내봅시다

I have trouble sleeping.

[aɪ həv ˈtrʌbəl]   [ˈsliːpɪŋ]
아이해v츄러벌   s리이삥

→ 이렇게 발음하면 안 돼요! [아이 해브 트러블 슬리핑]

나는 잠자는 게 어려워(잠을 잘 못 자).

trouble은 내용어로 [trʌ]에 강세를 또렷하게 줍니다. [tr]은 보통 [츄]로 발음하고 [ʌ]는 빠르고 뾰족한 소리이기 때문에 이어서 [츄러]로 소리 내요. 마지막 음절 [bəl]은 또렷하게 [블]로 발음하기보다 구강 구조에 힘을 뺀 애매한 슈와(ə) 소리를 살려 [벌]과 [블] 사이 정도로 애매하게 발음합니다. sleeping은 내용어로 첫음절 [sliː]에 강세를 줍니다. [iː]는 [이이]처럼 길고 여유 있게 소리 내며, [pɪŋ]은 [삥]처럼 자연스럽게 마무리합니다. 많은 학습자들이 [트러블 슬리핑]처럼 또박또박 발음하는데, 실제 회화에서는 흐름과 연음을 살려 부드럽게 말하는 게 훨씬 자연스러워요.

해설 직강 듣기

09
I have a feeling ~
~한 느낌이 들어

A This number keeps calling me.
이 번호로 계속 전화가 와.

B I have a feeling it's a scam.
사기 전화일 것 같은 느낌이 들어.

A Yeah, they didn't leave a voicemail.
그러게, 음성 메시지도 안 남겼어.

B Just block the number.
그냥 그 번호 차단해.

scam (s깨앰) 사기　voicemail (v오이s메이을) 음성 메시지　block (블라악) 차단하다

어떤 상황에 대한 개인적인 직감이나 예상, 예감을 표현할 때 사용하는 패턴으로 '~한 느낌이 들어요'라는 뜻이에요. 어떤 일이나 상황에 대해 설명할 때 자신이 확신할 순 없지만, 뭔가 확실히 느껴질 때 주로 사용합니다. 이 패턴 뒤에는 '주어 + 동사'를 붙여 문장을 완성하면 돼요.

유사 표현

- I get the feeling she lied.
'그녀가 거짓말을 했다는 느낌이 들어요'라는 의미예요. I get the feeling ~도 '~한 느낌이 들어요'라는 뜻으로, 이 패턴은 즉각적이고 강한 직감을 나타낼 때 사용해요.

MP3 듣기

집중 훈련! 이렇게 표현해요

- **I have a feeling** he hates me.
  그가 날 싫어한다는 느낌이 들어.

  hates (헤이ts) 몹시 싫어하다

- **I have a feeling** she knows the answer.
  그녀가 답을 안다는 느낌이 들어.

  answer (애앤써r) 답

- **I have a feeling** they won't come.
  그들이 안 올 거라는 느낌이 들어.

- **I have a feeling** he's hiding something.
  그가 무언가를 숨기고 있다는 느낌이 들어.

  hiding (하이딩) 숨기다

- **I have a feeling** I left the window open.
  창문을 열어두고 왔다는 느낌이 들어.

  > 이 문장에서 left는 '떠났다'가 아니라 '어떤 것을 그대로 두었다'라는 뜻이에요. 그래서 left the window open은 '창문을 열어둔 채로 놔뒀다'라는 의미예요.

소리내봅시다

> # I have a feeling she lied.
>
> [aɪ həvə ˈfiːlɪŋ]   [ʃi laɪd]
> 아이애v어 f이을링   쉬 (을)라이드
>
> → 이렇게 발음하면 안 돼요! [아이 해브 어 필링 쉬 라이드]
> 그녀가 거짓말을 했다는 느낌이 들어.

I have와 a는 기능어이므로 힘을 빼고 빠르게 [아이해v어] 또는 have의 h를 약화시켜 [아이애v어]로 소리 냅니다. have의 v와 이어지는 모음 a는 연음되기 때문에 반드시 한 덩어리로 소리를 이어주세요. feeling은 내용어로 첫음절에 또렷하게 강세를 줍니다. 흔히 f를 발음할 때 아랫입술을 마는 경우가 있는데요. 입술에 힘을 완전히 빼고 윗니가 아랫입술 바깥쪽에 가볍게 닿게 한 후 윗니 사이로 바람이 확 느껴지도록 뿜어내듯 발음해보세요. [fiː]는 [f이이]처럼 길게 소리 내서 [f이일링] 혹은 [f이을링]으로 소리 내면서 기능어인 she까지 한 덩어리로 이어서 소리 냅니다. lied는 내용어로 강세가 오는 [l]이 또렷하게 느껴지도록 [(을)라이]로 발음한 후 마지막 [d]는 [드]가 아니라 [ㄷ]만 들리도록 짧고 단단하게 [라이드]로 소리 냅니다.

해설 직강 듣기

복습하기 05~09

- I've been to New York.
- I've been to that museum.
- I've never been to the Grand Canyon.
- I have to wake up early.
- I have to finish the report.
- I have to attend the meeting.
- I have time to meet you.
- I have time to clean my room.
- I have time to walk my dog.
- I have trouble focusing.
- I have trouble remembering names.
- I have trouble saving money.
- I have trouble expressing my feelings.
- I have a feeling he hates me.
- I have a feeling they won't come.
- I have a feeling I left the window open.

- 나 뉴욕에 가본 적 있어.

- 나 그 박물관에 가본 적 있어.

- 나 그랜드 캐니언에 가본 적 없어.

- 나 일찍 일어나야 해.

- 나 보고서를 끝내야 해.

- 나 회의에 참석해야 해.

- 나 너와 만날 시간 있어.

- 나 방 치울 시간 있어.

- 나 강아지 산책시킬 시간 있어.

- 나는 집중하는 게 어려워.

- 나는 이름을 기억하는 게 어려워.

- 나는 돈을 모으는 게 어려워.

- 나는 내 감정을 표현하는 게 어려워.

- 그가 날 싫어한다는 느낌이 들어.

- 그들이 안 올 거라는 느낌이 들어.

- 창문을 열어두고 왔다는 느낌이 들어.

Do you ~?

누군가에게 말을 걸고 싶을 땐 Do you ~?만 기억하세요. 무언가를 물을 때 흔히 사용하는 표현으로, Do you 뒤에 동사만 붙이면 웬만한 의사 표현은 다 가능합니다. 특히 여행할 때 정말 유용하니 꼭 익혀두세요.

10 Do you like ~?
11 Do you want to ~?
12 Do you need ~?
13 Do you usually ~?

Do you like ~?
~ 좋아해?

A **Do you like** reading?
책 읽는 거 좋아해?

B I do, but I haven't had the time to read lately.
응, 근데 요즘은 읽을 시간이 없었어.

A What kind of books do you like?
무슨 책 좋아해?

B I love mystery novels.
난 추리 소설을 정말 좋아해.

lately (레잍리) 요즘　**mystery novels** (미s떠뤼 나아v을s) 추리 소설

 상대방의 취향이나 선호도를 물어볼 때 사용해요. 이 패턴은 일상 대화에서 상대방과의 공통 관심사를 찾는 데 매우 유용해요. 특히 처음 만난 사람과 대화를 시작하거나 친목을 다지거나 또는 단순히 대화를 이어 나가는 데 효과적입니다. 이 패턴 뒤에는 주로 명사나 동명사가 붙어요.

유사 표현

- **Do you enjoy swimming?**
  Do you enjoy ~?는 '~를 즐기나요?'라는 뜻으로, 특정한 활동이나 경험에서 즐거움을 느끼는지 물어볼 때 사용해요. 주로 취미, 여가 활동처럼 시간을 들여서 하는 활동에 대해 물어볼 때 더 적합한 표현이에요.

MP3 듣기

집중 훈련! 이렇게 표현해요

- **Do you like hiking?**
  등산 좋아해?

  hiking (하이낑) 등산

- **Do you like drawing?**
  그림 그리는 거 좋아해?

  drawing (쥬롸이잉) 그림 그리기

- **Do you like classical music?**
  클래식 음악 좋아해?

  > 영어에서는 모차르트, 베토벤, 바흐 등이 작곡한 음악 즉, 서양의 정통 악기와 형식을 갖춘 음악을 classical music이라고 해야 정확해요.

- **Do you like horror movies?**
  공포 영화 좋아해?

- **Do you like working from home?**
  재택근무 하는 거 좋아해?

  working from home (워어r낑f럼호움) 재택근무

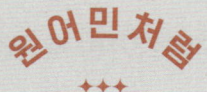

소리내봅시다

Do you like swimming?

[də jə laɪk]
드유**라**익

[ˈswɪmɪŋ]
스위밍

→ 이렇게 발음하면 안 돼요! [두 유 라이크 스위밍?]
수영하는 거 좋아해?

Do you는 기능어로 강조하지 않기 때문에 힘을 빼고 빠르게 [드유]로 소리 냅니다. like는 내용어로, [라이]가 아니라 [l]이 또렷하게 잘 들리도록 혀끝을 윗니에 대고 꾹 누르면서 소리에 시동을 걸어 [(을)라익]으로 발음해요. like의 마지막은 [크]가 아니라 [ㄱ] 받침 정도로만 느껴지도록 소리 냅니다. swimming은 내용어로, 강세가 오는 첫음절 [swɪ]는 성대가 울리지 않는 바람 소리 [s]로 시작하고 [w]에서 입술을 둥글게 모아 [스위밍]처럼 발음합니다.

해설 직강 듣기

Do you want to ~?
~할래?

A **Do you want to** make dinner with me?
나랑 같이 저녁 만들래?

B I'd love to. What are we making?
좋아. 뭐 만들 거야?

A How's spaghetti? It's my specialty.
스파게티 어때? 내 전문이야.

B It sounds yummy.
맛있을 거 같아.

specialty (s뻬셜티) 전문 분야   **yummy** (여미) 맛있는

'~할래요?'라는 뜻으로, 상대방에게 특정 행동이나 활동을 하고 싶은지 의향을 물어보거나 제안할 때 사용하는 표현이에요. 특히 일상에서 친구나 가족과 계획을 세울 때 유용하게 사용할 수 있어요. Do you want to ~? 뒤에는 동사원형을 붙여서 질문을 완성하면 됩니다.

유사 표현

- Do you feel like having dinner?
  Do you feel like ~? 역시 '~하고 싶어요?'라는 뜻이에요. 상대방의 기분에 더 초점을 두고, 어떤 행동을 하고 싶은지 물어볼 때 사용해요. Do you want to ~?와 달리 패턴 뒤에 동명사가 따라옵니다.

MP3 듣기

집중 훈련! 이렇게 표현해요

- **Do you want to come over?**
  놀러 올래?

  > come over는 그냥 '오다'가 아니라 '집에 놀러 오다'라는 친근한 뉘앙스를 담고 있어요. 친구나 가족 사이에서 많이 쓰는 표현이에요.

  come over (커모우v어r) 놀러 오다

- **Do you want to join us?**
  우리랑 같이 할래?

- **Do you want to order dessert?**
  디저트 시킬래?

  order (오어r러r) 주문하다

- **Do you want to play a game?**
  게임할래?

- **Do you want to go shopping?**
  쇼핑하러 갈래?

소리내봅시다

Do you want to have **di**nner?

[də jə wɑːntə]
드유워언트

[həv ˈdɪnɚ]
해v디너r

→ 이렇게 발음하면 안 돼요! [두 유 원트 투 해브 디너?]

저녁 먹을래?

Do you는 힘을 빼고 빠르게 [드유]로 발음해요. want to는 구어체에서 자주 축약되어 [워너(wanna)]로 들리는데, 또박또박 말할 경우 [워언트]로 발음되며 to는 약화되어 [투]가 아니라 [트]로 가볍게 이어집니다. have는 기능어이므로 원래 발음기호보다 약화시켜 가볍게 [해v]로 발음해요. 여기서 [v]는 자음 d 앞에 위치하기 때문에 [브]처럼 또렷하게 소리 내지 않고 f처럼 바람이 살짝 느껴지게 소리 냅니다. dinner는 첫음절 d에 강세를 또렷하게 주어 [디너r]로 발음하되, [너r]는 또렷하게 들리지 않도록 힘을 빼고 말해요.

해설 직강 듣기

Do you need ~?
~ 필요해?

A **Do you need** a charger for your phone?
   핸드폰 충전기 필요해?

B Yes, my battery is almost dead.
   응, 배터리가 거의 다 됐거든.

A I can lend you mine.
   내 것을 빌려줄 수 있어.

B That would be great, thanks.
   그럼 좋지, 고마워.

charger (촤아r줘r) 충전기   lend (렌드) 빌려주다

상대방에게 무언가가 필요한지 물어볼 때 사용하는 패턴으로, '~가 필요해요?'라는 뜻이에요. 단순히 상대방의 요구를 확인하는 것이 아니라 필요로 하는 것을 이해하고 도움을 주고 싶을 때 사용해요. 이 패턴 뒤에는 주로 명사나 대명사가 옵니다.

> 유사 표현

- Do you want anything?
  '원하는 게 있나요?'라는 뜻입니다. 상대방이 바라거나 원하는 게 있는지 물어볼 때 사용해요. 이 패턴은 가벼운 느낌을 갖고 있어서 진지한 상황에서는 Do you need ~?를 사용하는 게 좋아요.

MP3 듣기

집중 훈련! 이렇게 표현해요

- **Do you need water?**
  물이 필요해?

- **Do you need a break?**
  휴식이 필요해?

  break (브뤠익) 휴식

- **Do you need help?**
  도움이 필요해?

- **Do you need advice?**
  조언이 필요해?

  advice (얻v아이s) 조언

- **Do you need something to eat?**
  먹을 거 필요해?

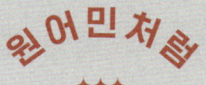

소리내봅시다

Do you need a nything?

[də jə ni:d]   [ˈeniθɪŋ]
드유니잍   애니th잉

→ 이렇게 발음하면 안 돼요! [두 유 니드 애니띵?]

필요한 거 있어?(뭐가 필요해?)

Do you는 기능어이므로 [드유]로 발음해요. need는 내용어로, [i:]는 우리말 [이]를 소리 낼 때보다 입술을 양옆으로 길게 벌려 여유롭게 [이이]로 발음합니다. 마지막 d는 짧고 분명하게 붙여 [니잍]으로 소리 내요. anything도 내용어예요. 강세가 오는 첫음절 [ˈe]는 턱을 벌려서 소리 내는 우리말 [애]와 다르게 턱을 거의 벌리지 않고 짧고 또렷하게 발음합니다. th는 혀끝을 윗니와 아랫니 사이로 살짝 내민 상태에서 공기를 부드럽게 빼며 [애니th잉]으로 발음해요.

해설 직강 듣기

Do you usually ~?
너 보통 ~해?

A **Do you usually** binge-watch TV shows?
너 보통 드라마 몰아서 봐?

B Yeah, especially on weekends.
응, 특히 주말에.

A Me too! I once watched an entire season in one day.
나도! 전에는 하루 만에 한 시즌 다 본 적이 있어.

B Wow, that's impressive!
와, 대단한데!

binge-watch (빈즈와아치) 몰아서 보다   impressive (임프뤠씨v) 대단하다

'당신은 보통 ~하나요?'라는 뜻으로, 상대방의 일상적인 습관이나 행동을 물어볼 때 사용해요. 주로 취미, 일상적인 활동, 정기적으로 하는 행동 등에 대해 질문할 때 유용합니다. 상대방의 생활 방식을 이해하는 데 도움이 되는 표현이죠. 이 패턴 뒤에는 동사원형이 옵니다.

유사 표현

- Do you always eat breakfast?
  Do you always ~?는 '당신은 항상 ~하나요?'라는 뜻으로, '당신은 항상 아침을 먹나요?'라고 해석해요. 어떤 행동이나 습관의 일관성을 확인하고 싶을 때 사용하는 표현이에요.

MP3 듣기

집중 훈련! 이렇게 표현해요

- **Do you usually take the subway?**
  너 보통 지하철 타?

  > 영어에서 take는 단순히 '잡다'라는 뜻 말고도 '교통수단을 이용하다'라는 뜻으로 자주 써요. 그래서 '지하철을 타다'라고 말할 때는 take the subway라고 표현합니다. 같은 식으로 take the bus나 take a taxi도 자주 사용해요.

- **Do you usually shop online?**
  너 보통 온라인으로 쇼핑해?

- **Do you usually go to bed late?**
  너 보통 늦게 자?

  go to bed (고우루벧) 자다

- **Do you usually work on weekends?**
  너 보통 주말에 일해?

- **Do you usually sleep in on Sundays?**
  너 보통 일요일에 늦잠 자?

  sleep in (슬리이삔) 늦잠 자다

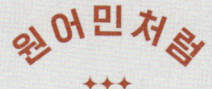

소리내봅시다

Do you usually eat breakfast?

[də jə ˈjuːʒuəli]
드유 **유우쥬얼리**

[iːt ˈbrekfəst]
이잇 **브뤡**f으s트

→ 이렇게 발음하면 안 돼요! [두 유 유쥴리 잇 브랙퍼스트?]
너 보통 아침 먹어?

usually의 첫음절 [juː]는 [이] 소리로 시동을 걸어 [(이)유우]처럼 길고 여유롭게 발음해요. [ʒ]는 우리말 [ㅈ]처럼 혀끝이 천장에 닿았다 떨어지면서 나는 소리가 아니라 [sh]처럼 바람이 새어 나오지만 성대를 울려서 소리 내는 [zh] 발음입니다. 마지막 ly는 또렷하게 들리도록 [리]로 소리 내요. 따라서 usually는 [유우쥬얼리]로 발음하면 됩니다. eat은 [iːt]의 모음 [iː]를 길게 [이이]처럼 소리 내다가 [t]를 짧게 처리해 [이잇]으로 마무리해요. 내용어 breakfast의 강세가 오는 [brek]은 입술을 살짝 내밀어 [브뤡]처럼 덩어리로 소리 내고, [fəst]는 약화된 슈와[ə]로 가볍게 [f으s트]로 발음합니다.

해설 직강 듣기

복습하기 10~13

- Do you like hiking?
- Do you like drawing?
- Do you like classical music?
- Do you like working from home?
- Do you want to come over?
- Do you want to join us?
- Do you want to order dessert?
- Do you want to go shopping?
- Do you need a break?
- Do you need help?
- Do you need advice?
- Do you need something to eat?
- Do you usually take the subway?
- Do you usually shop online?
- Do you usually work on weekends?
- Do you usually sleep in on Sundays?

- ▶ 등산 좋아해?
- ▶ 그림 그리는 거 좋아해?
- ▶ 클래식 음악 좋아해?
- ▶ 재택근무 하는 거 좋아해?
- ▶ 놀러 올래?
- ▶ 우리랑 같이 할래?
- ▶ 디저트 시킬래?
- ▶ 쇼핑하러 갈래?
- ▶ 휴식이 필요해?
- ▶ 도움이 필요해?
- ▶ 조언이 필요해?
- ▶ 먹을 거 필요해?
- ▶ 너 보통 지하철 타?
- ▶ 너 보통 온라인으로 쇼핑해?
- ▶ 너 보통 주말에 일해?
- ▶ 너 보통 일요일에 늦잠 자?

There is ~
There are ~

✦

'~이 있다, 없다'를 말하고 싶을 땐 무조건 There is/are~ 패턴을 떠올리면 쉬워요. 일상생활에서 자주 쓰는 표현으로 익혀두면 유용하게 쓰일 거예요. 하나의 대상을 말할 때는 There is로, 두 개 이상 여러 대상을 말할 때는 There are를 사용한다는 것만 기억하세요.

14   There is/are ~.
15   There is/are no ~.
16   Is/Are there ~?
17   There's nothing like ~.

There is/are ~
~가 있어

A **There is** a problem with the washing machine.
세탁기에 문제가 있어.

B What kind of problem?
무슨 문제?

A It's not draining water properly.
물이 제대로 안 빠져.

B Okay, I'll call the repairman.
알았어. 수리 기사 부를게.

draining (쥬뤠이닝) 물이 빠지다   **properly** (프롸아뻐r리) 제대로
repairman (뤼페어r맨) 수리 기사

 특정 사물, 사람, 장소 등이 존재하고 있다는 것을 나타내는 표현이에요. There은 '거기에'라는 뜻이지만, 여기에서는 아무런 의미를 나타내지 않아요. 이 패턴 뒤에 명사가 오는데 There is ~ 뒤에는 단수 명사나 셀 수 없는 명사가, There are ~ 뒤에는 복수 명사가 옵니다.

> 유사 표현

- There are a lot of cars here.
'여기에 차가 많이 있어요'라고 해석해요. a lot of는 '많은', '다수의'라는 뜻이에요. 따라서 어떤 것의 수량이 많거나 풍부함을 표현할 때 '~가 많이 있어요'라는 의미로 There is/are a lot of ~ 패턴을 사용해요.

MP3 듣기

집중 훈련! 이렇게 표현해요

- **There is** a cat.
  고양이가 있어.

- **There is** work to do.
  할 일이 있어.

  > work는 '일'이라는 뜻으로, 셀 수 없는 명사예요. 그래서 앞에 관사를 붙여 a work라고 하지 않고, 단독으로 사용해요.

- **There is** a book on the table.
  식탁에 책이 있어.

- **There are** two restaurants nearby.
  근처에 식당 두 곳이 있어.

  nearby (니어r바이) 근처에

- **There are** typos in the report.
  보고서에 오타가 있어.

  typos (타이뽀우s) 오타

소리내봅시다

There are cars here.

[ðər ɚ]   [kɑːrz hɪr]
데어r 아r   카아rz 히어r

→ 이렇게 발음하면 안 돼요! [데어 알 칼스 히어]

여기 차들이 있어.

There와 are는 둘 다 기능어이므로 최대한 힘을 빼고 가볍게 발음해요. [r] 발음 때문에 부담스러울 수 있지만, 강조하는 단어들이 아니기 때문에 [r]이 있는 듯 없는 듯 [데어r 아r]로 부드럽게 이어지도록 합니다. cars는 내용어로, [kɑːrs]의 [k]부터 또렷하게 들리도록 마음속으로 [윽] 소리를 내듯 소리에 시동을 걸어 [(윽)카아-]로 발음해요. 모음 [ɑː]는 턱을 길게 벌리고 소리도 그만큼 길게 냅니다. 마지막 [z]는 마치 [s]를 소리 내듯 가볍게 바람이 느껴지도록 소리 내요. here도 내용어로, [h]의 바람이 느껴지도록 [ㅎ이어r]로 발음합니다. 비교적 짧은 문장이기 때문에 중간에 소리가 끊어지지 않고 한 호흡으로 이어지도록 전체 문장을 소리 내보세요.

해설 직강 듣기

There is/are no ~
~가 없어

A There is no Wi-Fi in this cafe.
이 카페에는 와이파이가 없어.

B That's inconvenient! How are we going to work?
너무 불편하다! 일은 어떻게 하지?

A Let's just use our mobile data for now.
일단 핸드폰 데이터를 사용해보자.

B I guess we have no choice.
그럴 수밖에 없겠네.

inconvenient (인컨v이니엔트) 불편한   mobile data (모우블 데이러) 핸드폰 데이터

 어떤 것의 부재나 존재하지 않음을 표현할 때 사용해요. 이 패턴은 단정적이고 직접적인 뉘앙스를 가졌으며, 무언가가 없다는 사실을 강조하고 싶을 때 많이 사용합니다. There is no ~ 뒤에는 단수 명사나 셀 수 없는 명사가 따라오고, There are no ~ 뒤에는 복수 명사가 옵니다.

유사 표현

- There aren't any taxis.
  '택시가 없어요'라고 해석합니다. There isn't/aren't any ~는 '~가 하나도 없어요'라는 뜻이에요. 이 패턴은 무언가가 없을 때 사용하며, There is/are no ~보다 조금 더 부드러운 뉘앙스를 담고 있어요.

MP3 듣기

집중 훈련! 이렇게 표현해요

- **There is no answer.**
  답이 없어.

- **There is no bed in the room.**
  방에 침대가 없어.

- **There is no time to waste.**
  낭비할 시간이 없어.

  waste (웨이ㅅㅌ) 낭비하다

- **There are no seats left.**
  남은 자리가 없어.

- **There are no eggs in the fridge.**
  냉장고에 달걀이 없어.

  fridge (f뤼ㅈ) 냉장고

소리내봅시다

There are no taxis.

[ðər ɚ noʊ]   [ˈtæksiz]
데어r아r 너오우   태액씨z

→ 이렇게 발음하면 안 돼요! [데어 알 노 택시즈]
택시가 없어.

There와 are는 최대한 힘을 빼고 가볍게 [r]을 의식하지 않고 발음해요. no와 taxis는 내용어로 둘 다 강세가 오는 부분을 매우 또렷하게 소리 냅니다. no의 이중모음 [oʊ]는 [오]가 아니라 [오]와 [어] 중간 정도의 소리와 [우], 두 개의 소리를 부드럽게 이어서 소리 내요. 이때 주의해야 할 것은 [어]와 [우]가 7:3의 비율로 여유롭게 [너오우]로 발음해야 한다는 거예요. taxis의 첫음절 [tæk]은 [태액]처럼 입을 넓게 벌려 또렷하게 강세를 주고, [siz]는 힘을 빼고 [씨z]로 이어주세요. 마지막에 오는 [z]는 [즈]가 아니라 [s]처럼 가볍게 바람만 느껴지도록 발음합니다.

해설 직강 듣기

Is/Are there ~?
~가 있어?

A **Is there** a chance of rain today?
오늘 비가 올 가능성이 있어?

B **Yes, it might rain in the afternoon.**
응, 오후에 비가 올 수도 있대.

A **Oh no! I didn't bring an umbrella.**
안 되는데! 나 우산을 안 갖고 왔는데.

B **You can borrow mine if you need one.**
필요하면 내 거 빌려줄게.

chance (좬앤s) 가능성   borrow (바아로우) 빌리다

특정 사물, 사람, 장소 또는 상황 등의 존재 여부를 물을 때 사용해요. 일상적인 대화를 나누거나 여행을 갔을 때처럼 다양한 상황에서 사용할 수 있는 매우 활용도 높은 패턴입니다. Is there ~? 뒤에는 단수 명사나 셀 수 없는 명사가 오고, Are there ~? 뒤에는 복수 명사가 와요.

유사 표현

- Is there a bathroom nearby?
  Is/Are there ~ nearby?는 '근처에 ~가 있나요?'라는 뜻으로, '근처에 화장실이 있나요?'라고 해석해요. 현재 위치 주변에 특정 장소나 시설의 존재 여부를 물을 때 주로 사용합니다. 여행지에서 필요한 시설이나 장소를 찾을 때 매우 유용한 표현이에요.

MP3 듣기

집중 훈련! 이렇게 표현해요

- **Is there** a post office?
  우체국 있어?

  post office (포우s떠f이s) 우체국

- **Is there** a gym in this building?
  이 건물에 헬스장 있어?

  gym (쥠) 헬스장

- **Is there** a problem with the computer?
  컴퓨터에 문제 있어?

- **Are there** flowers here?
  여기에 꽃 있어?

- **Are there** students in the library?
  도서관에 학생들 있어?

소리내봅시다

Is there a bathroom?

[ɪz ðer ə]　　　　　['bæθruːm]
이z데어rㅇ　　　　　배애th루움

→ 이렇게 발음하면 안 돼요! [이즈 데어러 배쓰룸?]

화장실 있어?

Is는 기능어로 힘을 빼고 가볍게 [이z]로 발음해요. there의 th는 울림이 있는 [ð]로 원래는 윗니와 아랫니 사이로 혀를 살짝 내밀고 발음하지만, [d]처럼 혀를 내밀지 않고 발음하는 것이 더 자연스럽습니다. there와 a가 부드럽게 이어지도록 [데어rㅇ]로 발음해요. 이때 r을 의식해 혀끝이 천장에 닿아 [데어러]처럼 소리 나지 않도록 주의합니다. bathroom은 내용어이므로 첫음절 [bæθ]에서 입을 넓게 벌려 [배애th]처럼 강세를 주고, 무성음인 th의 발음 [θ]는 혀끝을 윗니와 아랫니 사이로 살짝 내밀었다가 공기가 느껴지게 합니다. 이어지는 [ruːm]은 강세를 주지 않기 때문에 힘을 빼고 입술을 쭉 내밀어 길게 [루움]으로 발음해요.

해설 직강 듣기

17

There's nothing like ~
~만큼 좋은 건 없어

A **My throat hurts a little.**
나 목이 좀 아파.

B **You might be catching a cold. Let me make you some tea.**
감기에 걸리는 걸 수도 있어. 차 좀 줄게.

A **There's nothing like hot tea with honey.**
꿀차만큼 좋은 건 없지.

B **I think so too.**
나도 그렇게 생각해.

throat (th로웃) 목, 목구멍   catching a cold (캐애췽어코울드) 감기에 걸리다

'~만큼 좋은 건 없어요'라는 뜻으로, 특정한 경험이나 사물이 매우 즐겁거나 특별하다는 것을 나타낼 때 사용해요. 무언가가 매우 훌륭하고, 그 자체로 완벽하다고 강조하거나 칭찬할 때 자주 씁니다. 이 패턴 뒤에는 주로 명사나 동명사가 따라와요.

(유사 표현)
- There's nothing better than home.
  There's nothing better than ~은 '~보다 좋은 건 없어'라는 뜻으로, 무언가가 매우 특별하다고 말할 때 사용해요. 이 패턴은 해당 대상이 다른 것들과 비교해서 최고라는 것을 표현하는 반면 There's nothing like ~는 대상 자체의 특별함을 강조해요.

MP3 듣기

집중 훈련! 이렇게 표현해요

- **There's nothing like** a hot bath.
  따뜻한 목욕만큼 좋은 건 없어.

- **There's nothing like** getting a nice compliment.
  칭찬을 받는 것만큼 좋은 건 없어.

  compliment (카암플리믄) 칭찬

- **There's nothing like** watching the sunset.
  노을을 보는 것만큼 좋은 건 없어.

  sunset (썬쎗) 노을

- **There's nothing like** spending time with family.
  가족과 시간을 보내는 것만큼 좋은 건 없어.

- **There's nothing like** a cold drink on a hot day.
  더운 날에는 차가운 음료만큼 좋은 건 없어.

소리내봅시다

There's nothing like home.

[ðerz ˈnʌθɪŋ laɪk]　　　　[hoʊm]
데어rs너th잉 라익　　　　호움

→ 이렇게 발음하면 안 돼요! [데얼즈 나씽 라이크 홈]
집만큼 좋은 건 없어.

There's는 기능어로 힘을 빼고 가볍게 소리 냅니다. 성대가 울리는 유성음 [ð]는 [d]처럼 발음해도 어색하지 않으니 빠르게 [데어rs]로 발음해보세요. nothing은 내용어로 강세를 또렷하게 줍니다. [ˈnʌ]는 [나]처럼 길게 소리 내는 게 아니라 짧고 뾰족하게 [너]로 소리 내고, th는 혀끝을 윗니와 아랫니 사이로 살짝 내밀었다가 공기를 빼며 [th잉]으로 소리 내요. nothing을 이어서 발음하면 [너th잉]이 됩니다. 이 문장에서 like는 기능어로 힘을 빼고 [라익]으로 발음해요. home은 내용어이므로 [h]는 입안에서 바람이 나오는게 느껴지도록 [ㅎ오]처럼 소리를 또렷하게 내요. 그다음 이중모음 [oʊ]는 굴절음으로 힘을 살짝 빼고 소리를 굴절시키며 [우]를 소리 내어 [ㅎ오움]으로 발음합니다.

해설 직강 듣기

복습하기 14~17

- There is work to do.
- There is a book on the table.
- There are two restaurants nearby.
- There are typos in the report.
- There is no answer.
- There is no bed in the room.
- There are no seats left.
- There are no eggs in the fridge.
- Is there a gym in this building?
- Is there a problem with the computer?
- Are there flowers here?
- Are there students in the library?
- There's nothing like getting a nice compliment.
- There's nothing like watching the sunset.
- There's nothing like spending time with family.
- There's nothing like a cold drink on a hot day.

- ▶ 할 일이 있어.
- ▶ 식탁에 책이 있어.
- ▶ 근처에 식당 두 곳이 있어.
- ▶ 보고서에 오타가 있어.
- ▶ 답이 없어.
- ▶ 방에 침대가 없어.
- ▶ 남은 자리가 없어.
- ▶ 냉장고에 달걀이 없어.
- ▶ 이 건물에 헬스장 있어?
- ▶ 컴퓨터에 문제 있어?
- ▶ 여기에 꽃 있어?
- ▶ 도서관에 학생들 있어?
- ▶ 칭찬을 받는 것만큼 좋은 건 없어.
- ▶ 노을을 보는 것만큼 좋은 건 없어.
- ▶ 가족과 시간을 보내는 것만큼 좋은 건 없어.
- ▶ 더운 날에는 차가운 음료만큼 좋은 건 없어.

I think ~

✦

I think는 '~라고 생각해요', '~인 것 같아요'라는 의미로 자기 생각이나 주장을 말할 때 사용하는 표현이에요. 단정적인 어감을 피하고자 하는 의도로 사용하기도 하고, 습관적으로 쓰기도 하죠. 일상생활에서 어떻게 자주 사용되는지 알아봅시다.

18 I think we should ~.

19 I don't think ~.

20 I'm thinking about ~.

I think we should ~
우리 ~하는 게 좋을 것 같아

A **We need to plan our upcoming wedding.**
  우리 다가오는 결혼식을 준비해야 해.

B **Yes, let's decide on a location first.**
  응, 장소를 먼저 정하자.

A **I think we should choose a smaller venue.**
  좀 더 작은 곳에서 하는 게 좋을 것 같아.

B **Sounds good to me.**
  난 좋아.

upcoming (업커밍) 다가오는   **location** (로우케이션) 장소, 위치
venue (v에뉴) 콘서트, 스포츠 경기 등의 장소

 자신의 의견이나 제안을 부드럽게 전달할 때 사용해요. 비즈니스 상황이나 일상 대화 등 다양한 상황에서 다른 사람과 무언가를 해야 할 때 유용하게 사용할 수 있는 패턴이에요. 무례하지 않게 돌려 말할 때도 좋아요. 이 패턴 뒤에는 동사원형을 붙여서 문장을 이어주면 됩니다.

> 유사 표현

- **Maybe we should wait.**
  '아마도 우리가 기다려야 할 거 같아요'라는 의미예요. Maybe we should ~는 '우리 아마 ~해야 할 것 같아요'라는 뜻으로, 무언가를 제안할 때 사용해요. 이 패턴은 확신의 정도가 낮아서 더욱 조심스럽게 의견을 전달할 때 적합해요.

MP3 듣기

집중 훈련! 이렇게 표현해요

- **I think we should** clean.
  우리 청소하는 게 좋을 것 같아.

- **I think we should** invite them.
  그들을 초대하는 게 좋을 것 같아.

  invite (인v아잍) 초대하다

- **I think we should** study together.
  우리 같이 공부하는 게 좋을 것 같아.

- **I think we should** cancel the meeting.
  회의를 취소하는 게 좋을 것 같아.

- **I think we should** book our flight.
  비행기 예약을 하는 게 좋을 것 같아.

  > book은 '책'이라는 뜻 외에 '예약하다'라는 뜻도 있어요. 호텔, 식당, 공연 표 등을 예약할 때 모두 book을 써서 말합니다. reserve와 비슷하지만, 일상 회화에서는 book이 더 자주 쓰여요.

  book (브윽ㅋ) 예약하다

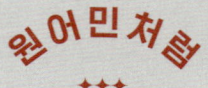

소리내봅시다

I think we should wait.

[aɪ θɪŋk]
아이th잉ㅋ

[wi ʃəd weɪt]
위 슈ㄷ 웨잍

→ 이렇게 발음하면 안 돼요! [아이 씽크 위 슈드 웨이트]
우리 기다리는 게 좋을 것 같아.

I는 기능어예요. 가볍게 힘을 빼고 [아이]로 발음합니다. think는 내용어로 강세가 앞에 와요. th는 혀끝을 윗니와 아랫니 사이로 살짝 내밀었다가 공기를 빼듯이 [θ] 소리를 만들어요. 뒤의 k는 혀 뒷부분을 입천장에 붙였다가 [ㅋ] 하고 터뜨리듯 발음해 [th잉ㅋ]처럼 또렷하게 소리 내면 자연스럽습니다. we는 기능어이지만, 두 번째 문장 초반에 나오기 때문에 [위]처럼 짧게 발음합니다. should는 [슈드]보다 [슌]으로 빠르게 처리하며, [ʃ]는 입술을 앞으로 살짝 내민 상태에서 바람을 살짝 빼면서 sh 소리를 만들어야 해요. 세게 발음하지 않고 부드럽게 흘려주는 게 포인트입니다. wait는 내용어로 강하게 발음해요. [weɪt]에서 이중모음 [eɪ]는 [에]에서 [이]로 굴절되듯 소리 내며, [t]는 [ㅌ]로 마무리해 [웨잍]으로 소리 내는 게 좋아요.

해설 직강 듣기

I don't think ~
~인 것 같지 않아/~라고 생각하지 않아

A **Should I buy this phone?**
이 핸드폰을 살까?

B **I don't think that's a good idea.**
좋은 생각 같지 않아.

A **Why not?**
왜?

B **It's a bit overpriced for its features.**
기능에 비해 가격이 너무 비싼 것 같아.

overpriced (오우v어r프라이st) 너무 비싼　features (f이이추ㅕrs) 기능

'음, 잘 모르겠어요'라고 확신이 없을 때 쓰는 표현이에요. 어떤 상황이나 사실에 대해 확신이 없을 때 또는 상대방의 의견에 직접적으로 반대하지 않고, 자기 생각을 완곡하게 표현할 때 사용해요. I don't think ~ 뒤에는 '주어 + 동사'로 이루어진 문장을 이어주면 됩니다.

유사 표현

- I don't really think they believe me.
  '그들이 저를 별로 믿지 않는 거 같아요'라고 해석해요. I don't really think ~는 '별로 ~인 것 같지 않아요'라는 뜻입니다. 이 표현은 I don't think ~보다 더욱 조심스럽고 확신이 없는 뉘앙스를 가졌어요.

MP3 듣기

집중 훈련! 이렇게 표현해요

- **I don't think he agrees.**
  그가 동의하는 것 같지 않아.

- **I don't think it matters.**
  그게 중요한 것 같지 않아.

  matters (매애러rs) 중요하다

- **I don't think we'll finish this.**
  우리가 이걸 못 끝낼 것 같아.

- **I don't think she likes that movie.**
  그녀가 그 영화를 좋아하는 것 같지 않아.

- **I don't think this is the right decision.**
  이게 옳은 결정인 것 같지 않아.

  > decision은 단순히 '선택'이 아니라 신중히 고민한 '결정'을 말할 때 써요. 그래서 choice보다 더 무게감 있는 단어예요.

  decision (디씨zh은) 결정

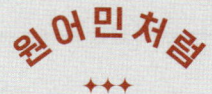

소리내봅시다

I don't think they believe me.

[aɪ doʊn θɪŋk]
아이**도운** th잉ㅋ

[ðeɪ bɪˈliːv mi]
데이**빌리이**ᵥ미

→ 이렇게 발음하면 안 돼요! [아이 돈트 씽크 데이 빌리브 미]

그들이 날 믿는 거 같지 않아.

don't는 흔히 [돈]으로 발음하지만, 실제로는 이중모음 [oʊ]의 두 번째 소리인 [우]까지 또렷하게 들리도록 입술을 둥글게 모아 발음해야 해요. 빠르게 말할 때는 -nt로 끝나는 don't의 [t]가 약화되거나 생략되어 [도운]처럼 가볍게 처리되기도 합니다. think는 내용어로 강세가 thi에 있어요. th 소리 [θ]는 혀끝을 윗니와 아랫니 사이로 살짝 내밀었다가 공기를 부드럽게 내쉬면서 [th잉]으로 발음해요. 뒤따라오는 k는 입천장에 혀 뒷부분을 강하게 붙였다가 [윽ㅋ] 하고 터지듯 발음하는 게 자연스럽습니다. 즉 [th잉ㅋ]처럼 혀의 닫힘과 터뜨림이 느껴지도록 연습해보세요. believe는 내용어이며, 강세는 두 번째 음절인 [ˈliːv]에 오기 때문에 첫음절인 [bɪ]는 바로 앞 단어 they와 연어어 [데이비]로 가볍게 발음해요. 장모음 [iː]는 입술을 양옆으로 넓게 벌려 치아가 많이 보이도록 입을 크게 열고 [이이-]처럼 길고 또렷하게 소리 냅니다.

해설 직강 듣기

I'm thinking about ~
~할까 생각 중이야/~에 대해 생각하고 있어

A What's your plan for dinner?

저녁은 어떻게 할 거야?

B **I'm thinking about** making pizza from scratch.

피자를 처음부터 직접 만들어 볼까 생각 중이야.

A Cool! Do you have all the ingredients?

멋지다! 재료 다 있어?

B Not yet. I need to go grocery shopping.

아직. 장 보러 가야 해.

from scratch (f럼 s크뢔애츠) 처음부터   ingredients (인그뤼이디은ts) 재료

'~할까 생각 중이에요'라는 뜻으로 자신의 현재 생각, 계획, 고민에 대해 말할 때 사용해요. 이 패턴은 단순히 생각하는 것을 넘어서 어떤 결정을 내리기 전에 다양한 가능성을 고려하고 있을 때 주로 사용합니다. 이 패턴 뒤에는 동명사나 명사가 와요.

> 유사 표현

- I'm seriously thinking about working out.
  '운동에 대해 진지하게 생각하고 있어요'라는 의미예요. I'm seriously thinking about ~은 '진지하게 ~에 대해 생각하고 있어요'라는 뜻이지요. 어려운 결정이나 중요한 문제에 대해 고민할 때 적합해요.

MP3 듣기

집중 훈련! 이렇게 표현해요

- **I'm thinking about** getting a haircut.
  머리를 자를까 생각 중이야.

  > 영어에서 'get + 명사'는 '~을 받다/당하다'라는 뉘앙스로 자주 쓰여요. 그래서 get a massage라고 하면 '마사지를 받다', get some rest라고 하면 '휴식을 취하다'라는 뜻이 됩니다.

  haircut (헤어r컷) 이발

- **I'm thinking about** the future.
  미래에 대해 생각하고 있어.

- **I'm thinking about** going on a diet.
  다이어트할까 생각 중이야.

  going on a diet (고우잉어너다이읕) 다이어트하다

- **I'm thinking about** the meeting tomorrow.
  내일 회의에 대해 생각하고 있어.

- **I'm thinking about** starting a new hobby.
  새로운 취미를 시작해 볼까 생각 중이야.

소리내봅시다

I'm **thi**nking about **wor**king **out**.

[aɪm ˈθɪŋkɪn əˈbaʊt]
아임th잉낑어바웃

[ˈwɜːkɪŋ aʊt]
워어r낑아웃

→ 이렇게 발음하면 안 돼요! [아임 씽킹 어바웃 워킹 아웃]

운동을 할까 생각 중이야.

I'm은 기능어로, 힘을 빼고 짧게 [아임] 또는 [암]처럼 가볍게 시작해요. thinking은 내용어로 강세가 오는 [θɪŋ]을 또렷하게 소리 내는 것이 중요합니다. th인 [θ]는 혀끝을 윗니와 아랫니 사이로 살짝 내밀었다가 공기를 빼듯 발음하고, king은 [킹] 또는 빠르게 [낑]으로 소리 내요. working도 내용어로, w 소리는 입술을 앞으로 모아 [우]로 시동을 걸듯 시작해 [(우)워어r]처럼 소리 내고, 이어지는 king은 힘을 빼고 [낑]으로 발음합니다. out은 이중모음 [aʊ]를 살려 [아우]로 길고 자연스럽게 발음해요.

해설 직강 듣기

work out은 구동사인데, -ing가 붙어 working out이라는 동명사 형태가 되었어요. 구동사는 두 단어가 하나의 새로운 의미를 만들어 낼 때 쓰이는데, 일반적으로 의미를 결정짓는 핵심은 두 번째 단어인 out에 있습니다. 따라서 발음할 때도 working보다 out에 살짝 더 힘을 실어 리듬을 살려주는 것이 좋아요.

복습하기 18~20

- I think we should clean.
- I think we should invite them.
- I think we should study together.
- I think we should cancel the meeting.
- I think we should book our flight.
- I don't think he agrees.
- I don't think it matters.
- I don't think we'll finish this.
- I don't think she likes that movie.
- I don't think this is the right decision.
- I'm thinking about getting a haircut.
- I'm thinking about the future.
- I'm thinking about going on a diet.
- I'm thinking about the meeting tomorrow.
- I'm thinking about starting a new hobby.

- 우리 청소하는 게 좋을 것 같아.

- 그들을 초대하는 게 좋을 것 같아.

- 우리 같이 공부하는 게 좋을 것 같아.

- 회의를 취소하는 게 좋을 것 같아.

- 비행기 예약을 하는 게 좋을 것 같아.

- 그가 동의하는 것 같지 않아.

- 그게 중요한 것 같지 않아.

- 우리가 이걸 못 끝낼 것 같아.

- 그녀가 그 영화를 좋아하는 것 같지 않아.

- 이게 옳은 결정인 것 같지 않아.

- 머리를 자를까 생각 중이야.

- 미래에 대해 생각하고 있어.

- 다이어트할까 생각 중이야.

- 내일 회의에 대해 생각하고 있어.

- 새로운 취미를 시작해 볼까 생각 중이야.

PART 2

네이티브가 일상생활에서 매일 쓰는 필수 패턴

이 단어만 알면 모든 문장이 가능해요!

Tell

많은 사람이 Tell을 '말하다'라는 뜻으로만 알고 있어요. 하지만 그건 반만 아는 거예요. 네이티브는 '알아차리다'라는 의미로도 자주 사용합니다. 이 부분을 유념해 Tell의 다양한 영어 표현을 배워봅시다.

21   Tell me ~.

22   Let me tell you ~.

23   I told you ~.

24   I can tell ~.

Tell me ~
~를 말해줘

A Hey, I heard you started your new job.
너 새 직장에 다니기 시작했다며.

B I did. I'm still adjusting, but so far so good!
맞아. 아직 적응 중이긴 한데, 아직까지는 괜찮아!

A Great! Tell me about your coworkers.
다행이다! 동료들은 어때?

B They're wonderful! Everyone is so nice.
정말 좋은 분들이야! 다들 너무 친절해.

adjusting (얼쥐스띵) 적응하다 **so far so good** (쏘우 f아r 쏘우 그읃) 지금까지는 잘 되고 있다
coworkers (코우워커즈) 직장 동료들

상대방의 의견을 자연스럽게 물어보고 싶을 때 '나에게 ~를 얘기해줘'라는 의미로 사용하는 패턴이에요. 단순히 정보를 요청하는 것이 아니라 상대방과의 대화를 이어가고 싶을 때 많이 사용합니다. 명령문 형태지만, 상대방에게 부드럽고 친근한 요청으로 받아들여져요. 이 패턴 뒤에는 주로 about 또는 who, what, where 등의 의문사가 옵니다.

유사 표현

- Could you tell me about yourself?
- Please tell me about yourself.
  두 문장 모두 '당신에 대해 얘기해주세요'라는 의미예요. tell me 앞에 please나 could you를 추가하면 조금 더 부드러운 뉘앙스가 돼요.

MP3 듣기

집중 훈련! 이렇게 표현해요

- **Tell me** about your day.
  오늘 하루 어땠어?(어땠는지 말해줘)

- **Tell me** about the blind date.
  소개팅 어땠어?(어땠는지 말해줘)

  blind date (블라인데잇) 소개팅

- **Tell me** about your favorite movie.
  네가 가장 좋아하는 영화에 대해 말해줘.

- **Tell me** about the trip to Italy.
  이탈리아 여행에 대해 말해줘.

- **Tell me** the truth.
  사실대로 말해줘.

  > about the truth도 문법적으로는 맞지만, 특정 상황이나 사실에 대한 진실을 직접적으로 요구할 때는 about을 빼고 말해요.

  truth (츄루th) 사실

소리내봅시다

Tell me about your **wee**kend.

[tel mi]   [əˈbaʊt ʃjər ˈwiːkend]
테어미   어바우츄어**위이**껜

→ 이렇게 발음하면 안 돼요! [텔 미 어바웃 유어 위크엔드]

주말 어땠어?(어땠는지 말해줘)

Tell은 생각보다 참 발음하기 어려운 단어입니다. 음절이 L로 끝나는 경우 우리가 평소 알고 있는 윗니에 혀끝을 뭉개는 [엘]로 발음하지 않아요. 우리말의 [어]나 [여]처럼 혀 뒤쪽이 아주 살짝 들리는 느낌으로 [테어]라고 소리 냅니다. 이를 전문 용어로 'Dark L Sound'라고 해요. ball, call, already가 대표적인 Dark L 소리입니다. about your에서 t가 your와 만났을 때 연음되어 [츄]로 소리 나는 것도 알아두세요. weekend의 [iː]는 우리말 [이]를 소리 낼 때보다 치아가 많이 보일 정도로 과한 느낌으로 입술을 양옆으로 많이 벌려 길게 강세를 주세요. 그리고 강세 뒤에 오는 [k]는 힘을 빼면서 살짝 된소리로 발음해요.

해설 직강 듣기

Let me tell you ~
내가 ~을 말해 줄게

A You look so happy today! What's going on?

오늘 엄청 행복해 보이네! 무슨 일 있어?

B Hey, let me tell you about my weekend! I got engaged!

주말에 있었던 일을 말해 줄게! 나 약혼했어!

A Wow, that's amazing! Congratulations!

와, 너무 잘됐다! 축하해!

B Thanks! I'm over the moon right now.

고마워! 지금 기분이 너무 좋아.

going on (고우잉어언) 어떤 일이 일어나고 있다   **engaged** (인게이쥐드) 약혼한
over the moon (오우v어더무운) 너무 행복하다

상대방에게 중요한 정보를 전달하거나 개인적인 경험 또는 의견을 공유할 때 사용해요. 이 패턴 뒤에는 about이나 의문사가 옵니다. "Let me tell you a story."처럼 story, secret, joke 등과 같이 이야기나 정보 자체를 나타내는 명사는 about 없이 패턴 뒤에 바로 붙여 씁니다.

유사 표현

- Can I tell you a story?
- I'd like to tell you a story.
  Let me 대신 Can I ~를 사용하면 조금 더 조심스러운 뉘앙스가 되고, I'd like to ~를 쓰면 더욱 정중한 느낌이 들어요.

MP3 듣기

집중 훈련! 이렇게 표현해요

- **Let me tell you about the concert.**
  콘서트 어땠는지 말해 줄게.

- **Let me tell you about my date.**
  데이트 어땠는지 말해 줄게.

- **Let me tell you about my weekend plans.**
  내 주말 계획에 대해 말해 줄게.

  plans (플래앤z) 계획

- **Let me tell you about this new app.**
  이 새로운 앱에 대해 설명해 줄게.

- **Let me tell you about my goals.**
  내 목표에 대해 말해 줄게.

  goals (고울z) 목표

소리내봅시다

Let me tell you about my trip.

[lemi telju]
레미 테어유

[əˈbaʊt maɪ trɪp]
어바웃마이 츄립

→ 이렇게 발음하면 안 돼요! [레트 미 텔 유 어바우트 마이 트립]
내 여행에 대해 말해 줄게.

Let me를 천천히 발음하면 Let의 t를 있는 그대로 발음하지만, 일상적인 상황에서 빠르게 말할 때는 [레미]로 발음해요. 단 너무 또렷하게 [레.미.]처럼 음절을 나누지 말고 부드럽게 이어서 [렘미]와 [레미] 사이 정도로 소리 냅니다. tell you의 l도 Dark L 소리이므로 [테어유]로 소리 내요. trip과 같이 t와 r이 함께 있을 때는 [츄]라고 한꺼번에 발음해 보세요.

해설 직강 듣기

I told you ~
내가 ~라고 말했잖아

A Are you going to the party tonight?
오늘 밤에 파티에 갈 거야?

B Of course! I told you that I wouldn't miss it.
물론이지! 꼭 가겠다고 했잖아.

A Great! What time should we meet up?
좋아! 우리 몇 시에 만날까?

B I'll pick you up at seven.
내가 7시에 데리러 갈게.

tonight (트나잇) 오늘 밤　**miss** (미s) 놓치다　**meet up** (미럽) 만나다
pick up (피껍) 데리러 가다

과거에 내가 했던 말을 강조하거나 상대방에게 상기시킬 때 사용하는 패턴으로, '내가 너에게 ~라고 말했잖아'라는 뜻이에요. 목소리 톤을 세게 하면 상대방을 꾸짖거나 나무라는 듯한 느낌을 줄 수 있으니 주의해서 말해야 합니다.

유사 표현

- Didn't I tell you to bring an umbrella?
'내가 우산을 가져오라고 하지 않았나요?'라는 의미예요. Didn't I tell you ~?는 I told you ~보다 더 강조해서 말하는 표현이에요. 상황에 따라 상대방을 나무라는 듯한 인상을 줄 수 있으니 주의해서 말해요.

MP3 듣기

집중 훈련! 이렇게 표현해요

- **I told you that it would rain.**
  내가 비 올 거라고 했잖아.

- **I told you to be careful.**
  내가 조심하라고 했잖아.

  careful (케어rf을) 조심하는

- **I told you so.**
  그러게 내가 뭐랬어(내 말이 맞잖아).

  > 어떤 상황이 자신이 말한 대로 됐을 때 쓰는 표현이에요. 원어민들이 자주 사용하는 표현이지만, 잘난 척하는 뉘앙스를 줄 수 있으니 주의해서 사용해야 합니다.

- **I told you to clean your room.**
  방을 청소하라고 했잖아.

- **I told you that they forgot.**
  그들이 깜빡했다고 했잖아.

소리내봅시다

I told you to bring an umbrella.

[aɪ toʊld ʒu]
아 **토울**쥬

[tə brɪŋ ən ʌmˈbrelə]
트**브링**어넘**브뤨**라

→ 이렇게 발음하면 안 돼요! [아이 톨드 유 투 브링 언 엄브렐라]
내가 우산을 갖고 오라고 했잖아.

I, you, to, an과 같은 단어들은 핵심 의미를 전달하는 내용어가 아니라 기능어이기 때문에 또렷하게 소리 내지 않고 축약시켜서 소리 내는 경우가 많아요. 따라서 빠르게 말할 경우 I told you to는 [아토울쥬트]로 발음합니다. bring은 [브링]처럼 2개의 소리가 아니라 [브링]처럼 하나의 소리같이 빠르게 이어서 발음해요. an 뒤에 따라오는 umbrella는 모음으로 시작하기 때문에 an의 마지막 자음과 이어지도록 [어넘-]으로 소리 냅니다.

해설 직강 듣기

I can tell ~
~를 알 수 있어

A **Is everything all right?**
괜찮아?

B **Yeah, I'm just exhausted from work.**
응, 그냥 일 때문에 지쳐서 그래.

A **I can tell that you're stressed. Let's go grab some coffee.**
스트레스받은 것 같네. 커피 한잔하러 갈까?

B **That would be nice, thanks.**
그거 좋겠다, 고마워.

all right (어어롸잇) 괜찮은   exhausted (익z어어s띧) 기진맥진한
grab coffee (그래앱 커아이) 커피 마시러 가다

이 패턴에서 tell은 '알아차리다'라는 의미예요. 따라서 I can tell ~은 '나는 ~를 알 수 있어요'라는 뜻으로, 어떤 상황이나 상대방의 감정 또는 의도를 확실하게 파악했을 때 사용합니다. 반대로 I can't tell ~은 '나는 ~를 모르겠어요'라는 뜻으로, 확신이 없을 때 사용해요.

> 유사 표현

- **I can definitely tell that you're lying.**
'당신이 거짓말하고 있다는 걸 확실히 알 수 있어요'라는 의미예요. tell 앞에 definitely를 쓰면 '강하게 확신한다'라는 느낌을 살릴 수 있어요.

MP3 듣기

집중 훈련! 이렇게 표현해요

- **I can tell that she's upset.**
  그녀가 속상해 보여(속상하다는 걸 알 수 있어).

  upset (업쎗) 속상한

- **I can tell that something's wrong.**
  뭔가 잘못됐다는 걸 알 수 있어.

  wrong (우뤄엉) 잘못된

- **I can't tell if you're joking.**
  네가 농담하는 건지 모르겠어.

- **I can't tell if he likes his gift.**
  그가 선물을 마음에 들어 하는지 모르겠어.

- **I can't tell if the bag is real.**
  이 가방이 진품인지 모르겠어.

  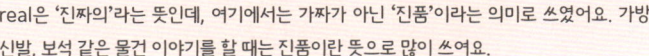
  real은 '진짜의'라는 뜻인데, 여기에서는 가짜가 아닌 '진품'이라는 의미로 쓰였어요. 가방, 신발, 보석 같은 물건 이야기를 할 때는 진품이란 뜻으로 많이 쓰여요.

소리내봅시다

I can tell that you're lying.

[ɑɪkən tel]
아큰 **테**어

[ðæt ʃər ˈlaɪɪŋ]
대쳐r**라**이잉

→ 이렇게 발음하면 안 돼요! [아이 캔 텔 댓 유알 라잉]
난 네가 거짓말을 하고 있다는 걸 알 수 있어.

I can은 내용어가 아니라 기능어이므로 [아이 캔]으로 발음하기보다 힘을 살짝 빼고 [아이큰] 혹은 빠르게 [아큰]으로 발음해요. you're도 기능어이므로 [유어r]가 아니라 [여r]처럼 축약합니다. 따라서 that you're는 단어들을 이어서 [대쳐r]로 소리 내요. [여r]가 아니라 [쳐r]로 소리 내는 이유는 t와 you가 만나면 [ch]로 소리가 변하기 때문이에요. 내용어인 tell과 lying의 강세는 앞부분에 있어요. 또렷하게 큰소리로 발음해봅시다.

해설 직강 듣기

복습하기　　　　　　　　　　　　21~24

- ▶ Tell me about your day.
- ▶ Tell me about the blind date.
- ▶ Tell me about your favorite movie.
- ▶ Tell me about the trip to Italy.
- ▶ Let me tell you about the concert.
- ▶ Let me tell you about my weekend plans.
- ▶ Let me tell you about this new app.
- ▶ Let me tell you about my goals.
- ▶ I told you that it would rain.
- ▶ I told you to be careful.
- ▶ I told you so.
- ▶ I told you to clean your room.
- ▶ I can tell that she's upset.
- ▶ I can tell that something's wrong.
- ▶ I can't tell if you're joking.
- ▶ I can't tell if he likes his gift.

- 오늘 하루 어땠어?(어땠는지 말해줘)
- 소개팅 어땠어?(어땠는지 말해줘)
- 네가 가장 좋아하는 영화에 대해 말해줘.
- 이탈리아 여행에 대해 말해줘.
- 콘서트 어땠는지 말해 줄게.
- 내 주말 계획에 대해 말해 줄게.
- 이 새로운 앱에 대해 설명해 줄게.
- 내 목표에 대해 말해 줄게.
- 내가 비 올 거라고 했잖아.
- 내가 조심하라고 했잖아.
- 그러게 내가 뭐랬어(내 말이 맞잖아).
- 방을 청소하라고 했잖아.
- 그녀가 속상해 보여(속상하다는 걸 알 수 있어).
- 뭔가 잘못됐다는 걸 알 수 있어.
- 네가 농담하는 건지 모르겠어.
- 그가 선물을 마음에 들어 하는지 모르겠어.

Take

Take는 뜻 부자예요. '가지고 가다'라는 기본 의미뿐만 아니라 '타다', '먹다', '일부를 취하다'처럼 뒤에 오는 명사에 따라 다양하게 해석됩니다. 일상 대화에서 가장 많이 사용되는 단어 중 하나로, 어떤 행동을 간단하고 효과적으로 표현할 수 있는 아주 매력적인 동사예요.

25   It takes + 시간

26   I'll take care of ~.

27   Let's take turns ~.

28   Do you take ~?

25
It takes + 시간
(시간이) ~걸려

A Is your apartment close to your workplace?
집이 직장이랑 가까워?

B **It takes** thirty minutes to get to work.
출근하는 데 30분 걸려.

A That's not too bad.
그 정도면 괜찮네.

B I agree. It could be worse.
맞아. 이 정도면 나쁘지 않지.

workplace (워얶플레이스) 직장, 회사   agree (어그뤼) 동의하다
It could be worse (이클비워어rs) 상황이 더 안 좋을 수 있지만 그 정도면 괜찮다

 소요 시간을 나타내는 표현이에요. 이 패턴은 크게 두 가지 방법으로 사용합니다. 먼저 'It takes + 시간'으로 쓰면 단순히 소요 시간을 말해요. 'It takes + 시간 + to 부정사' 패턴으로 쓰면 '~하는 데 시간이 걸려요'라는 뜻으로 어떤 일이나 행동을 하는 데 걸리는 시간을 표현합니다.

유사 표현

- It takes about ten minutes.
  about은 '약, 대략'이라는 뜻이므로 It takes about ~은 '~ 정도 걸려요'라는 의미입니다. 이 패턴은 정확한 시간을 모르거나 상황에 따라 시간이 조금씩 달라질 때 사용해요.

MP3 듣기

집중 훈련! 이렇게 표현해요

- **It takes a week.**
  일주일 걸려.

- **It takes ten minutes to get to the station.**
  역까지 가는 데 10분 걸려.

  station (s떼이션) 역

- **It takes an hour to cook dinner.**
  저녁을 만드는 데 1시간 걸려.

  > an hour 대신 one hour를 써도 되지만, 그럴 경우 '딱 한 시간 걸린다'라는 뜻으로 '한 시간'을 강조해요. 따라서 자연스럽게 말할 때는 an hour를 더 많이 씁니다.

- **It takes five hours to get to Thailand.**
  태국까지 가는 데 5시간 걸려.

- **It takes a long time to learn French.**
  불어를 배우는 데 오래 걸려.

  a long time (어러엉타임) 오래

소리내봅시다

It takes an hour to get there.

[ɪteɪks ən aʊr]　　　　　[tə get ðer]
이테익써나워r　　　　　트겟데r

→ 이렇게 발음하면 안 돼요! [잇 테익스 앤 아워 투 겟 데어]

거기에 가는 데 1시간 걸려.

It의 t와 takes의 t는 같은 소리예요. 따라서 It의 t는 윗니 안쪽 잇몸에 혀를 살짝 대지만 [이트]라고 소리 내지 않고 다음 takes의 t에서 소리를 냅니다. takes an hour는 이어서 나오는 단어들이 모음으로 시작하기 때문에 앞의 자음을 받아서 [테익써나워r]처럼 연음해요. to는 기능어이므로 [투]로 또렷하게 소리 내지 않고 [트]로 소리 내요. 문장의 맨 마지막에 오는 here 혹은 there의 경우 크게 강조하지 않습니다. 단 get의 t와 there의 th를 발음할 때 혀의 위치가 가깝기 때문에 [겟데r]처럼 이어서 소리 냅니다.

해설 직강 듣기

26
I'll take care of ~
~는 내가 맡아서 할게

A **I forgot to make a reservation for dinner.**
저녁 식당 예약하는 걸 깜빡했어.

B **Don't worry, I'll take care of the reservation.**
걱정하지 마, 내가 예약할게.

A **Thanks! You're a lifesaver.**
고마워! 네 덕에 살았어.

B **No problem. I'll do it right away.**
고맙긴 뭘. 지금 바로 예약할게.

reservation (뤠z어rv에이션) 예약   **lifesaver** (라이f세이v어r) 은인
no problem (노우 프라블름) 괜찮아, 문제없어

 어떤 일이나 상황을 책임감 있게 맡아서 처리하겠다고 말할 때 사용하는 매우 유용한 패턴이에요. 일상생활뿐 아니라 비즈니스 상황에서도 활용도가 높지요. take care of ~는 '돌보다', '처리하다', '관리하다'라는 뜻을 가진 구동사예요. 따라서 뒤에 어떤 명사가 오느냐에 따라 한국어 번역이 조금씩 달라집니다.

🟠 **유사 표현**

- **Let me take care of this problem.**
'이 문제는 내가 맡아서 해결할게요'라는 의미예요. 도움을 주고자 하는 의지를 나타내는 표현이죠. 특히 Let에 허락의 뉘앙스가 담겨 있어 I'll take care of ~보다 조금 더 공손한 느낌이 듭니다.

MP3 듣기

집중 훈련! 이렇게 표현해요

- **I'll take care of the kids.**
  아이들은 내가 맡아서 돌볼게.

- **I'll take care of dinner tonight.**
  오늘 저녁은 내가 맡아서 할게.

- **I'll take care of the dishes.**
  설거지는 내가 맡아서 할게.

  dishes (디쉬z) 설거지

- **I'll take care of the bill.**
  계산은 내가 할게.

  bill (비을) 계산서

- **Don't worry, I'll take care of the paperwork.**
  걱정하지 마, 서류는 내가 맡아서 처리할게.

  > Don't worry는 상대방을 안심시키기 위해 많이 쓰는 표현이에요. 꼭 기억하세요.

  paperwork (페이뻐r워r크) 서류 작업

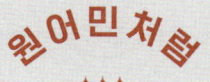

소리내봅시다

I'll take **ca**re of this **pro**blem.

[aɪl teɪ ker əv]
알 테이케어ᵥf

[ðɪs ˈprɑːbləm]
디s프롸아ᵇ름

→ 이렇게 발음하면 안 돼요! [아일 테이크 케어 오브 디스 프라블럼]

이 문제는 내가 맡아서 해결할게.

I'll은 [아일]처럼 또박또박 말하지 않아요. 힘을 빼고 가볍게 [알]로 처리합니다. take care은 내용어이므로 또렷하게 강세를 줘야 해요. k와 c가 모두 [k] 소리이기 때문에 연음해서 빠르게 [테이케어]로 소리 냅니다. of는 기능어라 약하게 [əv] 또는 [ə]로 약화됩니다. 기능어 this는 [ð] 소리를 정확히 내되 강세는 주지 않고 짧게 처리해요. problem은 핵심 내용어이므로 [프롸아-]처럼 첫음절에 강세를 줘야 합니다. pr처럼 r을 다른 자음과 함께 소리 낼 때는 p를 소리 낼 때부터 입술을 쭉 내밀고 발음하면 더 자연스러운 발음이 돼요. blem은 강세를 주지 않는 부분이기 때문에 또렷하게 소리 내지 않도록 힘을 빼고 [블름]으로 발음해요.

해설 직강 듣기

Let's take turns ~
돌아가면서 ~하자

A **The dishes are piling up again.**
설거지가 또 쌓이고 있어.

B **Let's take turns washing them this week.**
이번 주에는 돌아가면서 설거지하자.

A **That sounds fair. I'll start today.**
합리적이네. 내가 오늘 할게.

B **Great, I'll do them tomorrow.**
좋아, 난 내일 할게.

dishes (디쉬s) 설거짓감 **piling up** (파일링업) 양이 많아지고 있다, 쌓이다
fair (f에어) 공정한, 공평한

take turns는 '교대하다', '번갈아 하다'라는 의미를 가진 구동사예요. 그래서 Let's take turns ~는 '우리 번갈아 가면서 ~해요'라는 뜻이에요. 이 패턴은 여러 명이 어떤 행동이나 작업을 공평하게 나누어서 하자고 제안할 때 사용합니다. 특히 협동이 필요한 상황에서 많이 사용되는 표현이죠. 이 패턴 뒤에는 주로 동명사(동사ing) 형태가 옵니다.

유사 표현

- **We can take turns driving.**
  Let's take turns ~가 적극적인 제안이라면 We can take turns ~는 상대방에게 선택의 여지를 주며 완곡하게 제안할 때 사용해요. can은 조금 더 부드러운 뉘앙스를 주기 때문에 상대방이 거절하기 쉬워요.

MP3 듣기

PART 2

집중 훈련! 이렇게 표현해요

- **Let's take turns playing games.**
  돌아가면서 게임하자.

- **Let's take turns watching the baby.**
  아기를 교대로 보자.

- **Let's take turns doing the laundry. You go first.**
  돌아가면서 빨래하자. 너 먼저 해.

  > You go first는 차례나 순서에서 '네가 먼저 해'라는 뜻이에요. 줄을 설 때, 게임할 때, 발표할 때 등 누가 먼저 할지 정할 때 아주 자주 쓰는 표현이에요.

  laundry (러언쥬뤼) 빨래

- **Let's take turns asking questions.**
  돌아가면서 질문하자.

- **Let's take turns presenting our ideas.**
  돌아가면서 아이디어를 발표하자.

  presenting (프뤼z엔팅) 발표하다

소리내봅시다

Let's take turns driving.

[lets teɪk tɜrnz]　　　　['draɪvɪŋ]
렛ts 테익턴s　　　　쥬라이v잉

→ 이렇게 발음하면 안 돼요! [레츠 테이크 턴스 드라이빙]
교대로 운전하자.

Let's의 ts는 [츠]로 소리 내지 않고 마치 압력밥솥에서 바람이 터져 나오듯 혀끝이 천장에 꾹 닿았다가 떨어지면서 [(읕)tsss]로 소리 냅니다. take turns도 [테이크 턴스]처럼 마지막 자음에 [으] 모음 소리를 추가하지 않고 [테익턴s]로 소리 냅니다. turns의 마지막 발음기호가 [z]로 표시되어 있지만, 바로 뒤이어 나오는 단어가 자음으로 시작하기 때문에 조금 가볍게 [s]로 소리 내는 게 자연스러워요. tr이 [츄]로 소리 나는 것처럼 r이 d 발음에 영향을 주어 dr도 [쥬]로 소리 납니다. Let's take turns driving 네 단어 모두 내용어이기 때문에 각 단어의 앞부분을 강조해서 또렷하게 잘 들리도록 발음해보세요.

해설 직강 듣기

28

Do you take ~?
~를 받나요?

A **I'd like an iced Americano, please.**
아이스 아메리카노 한 잔 주세요.

B **Sure, your total is five dollars.**
네, 다 해서 총 5달러입니다.

A **Do you take mobile payments here?**
여기 모바일 결제되나요?

B **Yes, we accept all payment apps.**
네, 모든 결제는 앱 사용이 가능합니다.

total (토우를) 총, 합계 **payment** (페이믄) 지불, 지급

'~를 받나요?'라는 뜻으로 주로 상점, 레스토랑, 병원 등의 장소에서 자주 사용하는 표현이에요. 결제 방식 또는 특정 물건이나 방법의 수용 여부를 물어볼 때 유용해요. 이 패턴 뒤에는 명사만 붙여주면 되기 때문에 아주 간단하고 직접적인 질문을 할 수 있어요.

유사 표현

- **Do you accept credit cards?**
  '신용카드 받나요?'라는 의미예요. Do you take ~?는 일상적이고 친근한 표현으로, 주로 비격식적인 상황에서 사용해요. 반면 Do you accept ~?는 공식적인 뉘앙스를 가져 격식 있는 상황에 적합해요.

MP3 듣기

집중 훈련! 이렇게 표현해요

- **Do you take cash only?**
  현금만 받나요?

  cash (캐애sh) 현금

- **Do you take online orders?**
  온라인 주문이 가능한가요?

- **Do you take returns?**
  반품이 가능한가요?

  returns (뤼터rㄴz) 반품

- **Do you take reservations?**
  예약을 받나요?

- **Do you take walk-ins?**
  예약 없이 방문 가능한가요?

  walk-ins는 '예약하지 않은 손님들'이라는 뜻이에요. 주로 미용실, 레스토랑, 병원 등 서비스 업종에서 사용하는 표현입니다.

소리내봅시다

Do you take credit cards?

[dəjə] [teɪ ˈkrɛdɪt kɑrdz]
드유 테익ㅋ퀘딧카아아rㄷts

→ 이렇게 발음하면 안 돼요! [두 유 테이크 크래딧 카드스?]
카드 받나요?

해설 직강 듣기

기능어인 Do you는 힘을 빼고 [드유]로 발음해요. 내용어인 take는 t부터 또렷하게 소리를 내요. take를 [텍]처럼 한번에 소리 내지 않고 이중모음, [테익]의 [이] 소리가 들리도록 발음합니다. 이어지는 credit은 r 때문에 c부터 입술을 내밀고 [크퀘]를 한번에 소리 냅니다. cards는 가장 어려운 발음 중 하나인데요, r을 발음할 때 혀를 위로 말아서 발음하는 경우 card가 아니라 curd처럼 소리가 날 수 있어요. 따라서 ca는 [아] 소리를 내듯 혀를 편안하게 두고 r에서 우리말 [꾸]를 소리 내듯 혀를 위로 당겨서 rd 발음을 이어갑니다. cards처럼 유성음 d로 끝나는 단어는 무성음인 t로 끝나는 단어보다 바로 앞 모음 소리를 길게 내요. 또 ds로 끝나는 단어는 [드스]가 아니라 [카아아rㄷts]처럼 마지막 ts를 가볍게 소리 냅니다.

복습하기　　　　　　　　　　　　　　　25~28

- It takes a week.
- It takes ten minutes to get to the station.
- It takes an hour to cook dinner.
- It takes a long time to learn French.
- I'll take care of the kids.
- I'll take care of the dishes.
- I'll take care of the bill.
- Don't worry, I'll take care of the paperwork.
- Let's take turns playing games.
- Let's take turns watching the baby.
- Let's take turns doing the laundry. You go first.
- Let's take turns asking questions.
- Do you take cash only?
- Do you take online orders?
- Do you take returns?
- Do you take reservations?

- 일주일 걸려.
- 역까지 가는 데 10분 걸려.
- 저녁을 만드는 데 1시간 걸려.
- 불어를 배우는 데 오래 걸려.
- 아이들은 내가 맡아서 돌볼게.
- 설거지는 내가 맡아서 할게.
- 계산은 내가 할게.
- 걱정하지 마, 서류는 내가 맡아서 처리할게.
- 돌아가면서 게임하자.
- 아기를 교대로 보자.
- 돌아가면서 빨래하자. 너 먼저 해.
- 돌아가면서 질문하자.
- 현금만 받나요?
- 온라인 주문이 가능한가요?
- 반품이 가능한가요?
- 예약을 받나요?

Look

Look을 단순히 '보다'라는 뜻으로만 알고 있으면 원어민과 대화할 때 어려움을 겪을 수 있어요. '알아보다', '조사하다', '찾다'와 같이 다양한 의미로 사용되거든요. Look 다음에 어떤 전치사가 나오느냐에 따라 의미가 달라지므로 전치사까지 함께 묶어 구동사 패턴으로 알아두세요.

29   Look at ~.

30   Look out for ~.

31   I'm looking for ~.

32   I'm looking forward to ~.

Look at ~
~ 좀 봐

A **This store has so many nice things.**
이 가게에는 멋진 물건이 정말 많네.

B **Look at this sweater. It's so pretty.**
이 니트 좀 봐. 너무 예쁘다.

A **That would suit you. You should try it on.**
너한테 잘 어울릴 거 같아. 한번 입어 봐.

B **Good idea. I hope they have my size.**
좋은 생각이야. 내 사이즈가 있으면 좋겠다.

sweater (쓰웨러) 니트   suit (쑤울) 어울리다

상대방에게 무언가에 집중하거나 주의를 기울이도록 요청할 때 사용해요. '~를 보세요'라는 뜻이지요. 반대로 Don't look at ~은 '~를 보지 마세요'라는 뜻으로, 특정한 것에서 시선을 떼도록 요청할 때 씁니다. 직접 쳐다보면 불편한 상황에서 많이 사용해요. 너무 강한 어조로 말하면 무례하게 들릴 수 있으니 상황에 맞는 적절한 톤으로 말하는 것이 중요해요.

유사 표현

- Take a look at this picture.
  Take a look at ~은 '~를 한번 보세요'라는 뜻으로 조금 더 부드럽고 공손한 느낌이에요. 제안하는 뉘앙스가 담긴 패턴이므로 비즈니스 상황에서는 이 패턴을 사용하는 게 더 적합해요.

MP3 듣기

집중 훈련! 이렇게 표현해요

- **Look at** that puppy.
  저 강아지 좀 봐.

  puppy (퍼삐) 강아지

- **Look at** the price of this computer.
  이 컴퓨터 가격 좀 봐.

- **Look at** this bag I just bought.
  내가 방금 산 이 가방 좀 봐봐.

  > 이 문장에서 just는 '그냥'이 아니라 '방금'이라는 뜻이에요. 그래서 I just bought는 "내가 방금 샀어"라는 자연스러운 표현이 돼요.

- **Don't look at** my phone.
  내 핸드폰 보지 마.

- **Don't look at** the sun directly.
  태양을 똑바로 보지 마.

  directly (디뤠끌리) 똑바로

소리내봅시다

Look at this picture.

[lʊkət ðɪs]
르깻디s

[ˈpɪktʃər]
픽추ㅓr

→ 이렇게 발음하면 안 돼요! [루크 애트 디스 픽쳐]

이 사진 좀 봐.

Look과 같이 L로 시작하는 단어는 혀끝으로 윗니 뒤쪽을 꾹 눌러 긁으면서 발음해야 해요. [(을)르윽]처럼요. 이어서 at이 오기 때문에 k가 모음 a와 연음되어 [깻]으로 연결해서 소리 냅니다. at의 t와 this의 th를 발음할 때 혀의 위치가 매우 가까우므로 두 자음을 이어서 [깻디s]로 발음해요. picture처럼 p로 시작하는 단어를 정확하게 발음할 때는 두 입술을 꾹 다물었다가 풍선이 터지듯 입안의 공기가 터져 나오도록 [(읍)픽]으로 소리 내요.

해설 직강 듣기

Look out for ~
~를 조심해/~를 주의해서 봐

A **The roads are really slippery today.**
오늘 도로가 정말 미끄럽네.

B **Look out for ice on the road.**
도로 위의 얼음을 조심해.

A **Okay, I'll drive extra slowly.**
응, 평소보다 더 천천히 운전할게.

B **Yes, better safe than sorry!**
그래, 조심해서 나쁠 건 없지!

slippery (슬리뻐뤼) 미끄러운   **extra** (엑s뜨롸) 특별히
better safe than sorry (베러 쎄이f 댄 써뤼) 조심해서 나쁠 건 없다

Look out은 '조심하다', '주의하다'라는 뜻을 가진 구동사로, 패턴 뒤에 주의해야 할 대상을 붙여 씁니다. 주로 위험이나 주의가 필요한 상황을 알려줄 때 사용해요. 이 패턴은 명령문 형태지만, 상대방의 안전이나 이익을 위한 조언의 뉘앙스를 가지고 있어요.

> 유사 표현

- **Watch out for the wet floor.**
'바닥이 젖어 있으니까 조심해요'라는 뜻으로, Watch out for ~도 상대방에게 주의를 줄 때 쓰는 패턴이에요. 단, Look out for ~보다 조금 더 갑작스러운 경고를 할 때 사용해요.

MP3 듣기

집중 훈련! 이렇게 표현해요

- **Look out for wet floors.**
  바닥이 미끄러우니까 조심해.

  wet floors (웻f로어rs) 젖은/미끄러운 바닥

- **Look out for pickpockets.**
  소매치기 조심해.

  pickpockets (픽파아낏s) 소매치기

- **Look out for phone scams.**
  보이스 피싱 조심해.

  scams (s깨앰z) 사기

- **Look out for errors in the report.**
  보고서에 오류가 있는지 주의해서 보세요.

- **Look out for sales next week.**
  다음 주 세일을 놓치지 마세요(주의해서 보세요).

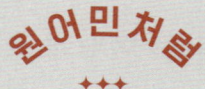

소리내봅시다

Look out for cars.

[lʊkaʊt fər kɑːrz]
르까웃 f어 카아rs

→ 이렇게 발음하면 안 돼요! [루크 아웃 포 칼즈]
차 조심해.

Look out은 구동사예요. 구동사는 동사 뒤의 두 번째 단어가 어떤 것이 오느냐에 따라 의미가 달라져요. 그래서 두 번째 단어를 살짝 밀어서 강세를 더 줍니다. 두 번째 단어 out이 모음으로 시작하므로 바로 앞의 자음, k를 받아서 [(을)르까웃]으로 이어서 소리 내요. for는 기능어이므로 힘을 빼서 fo 정도만 살짝 들리게 소리 내도 좋아요. cars는 내용어이기 때문에 강세가 있는 첫음절이 잘 들리도록 발음합니다. cars처럼 마지막 소리가 [z]로 끝나는 경우 소리가 너무 세지 않도록 가볍게 [s]로 발음하는 게 좋아요.

해설 직강 듣기

I'm looking for ~
~를 찾고 있어

A **Excuse me, can you help me?**

실례합니다, 저 좀 도와주시겠어요?

B **Yes, of course.**

네, 물론이죠.

A **I'm looking for the electronics section.**

전자제품 코너를 찾고 있어요.

B **It's on the third floor, near the escalators.**

3층 에스컬레이터 근처에 있어요.

electronics (일렉츄롸닉스) 전자제품   section (쎅션) 부분, 구역   floor (f을로어r) 층

 특정한 사람, 장소, 물건 또는 정보를 찾을 때 사용하는 패턴이에요. 일상생활에서 매우 유용하게 사용되며, 상대방에게 자신이 찾고 있는 것을 명확히 전달할 수 있어요. 상황에 따라 상대방에게 도움을 요청하는 느낌도 줄 수 있습니다. 이 패턴 뒤에는 찾고자 하는 대상, 즉 명사를 붙이면 돼요.

유사 표현

- I'm trying to find the bathroom.
  trying to는 '노력하고 있다'라는 뜻이에요. 그래서 I'm trying to find ~는 '~를 찾으려고 노력하고 있어요'라는 의미예요. I'm looking for ~ 보다 대상을 찾기가 쉽지 않거나 시간이 걸린다는 뉘앙스가 담겨 있어요.

MP3 듣기

집중 훈련! 이렇게 표현해요

- **I'm looking for the subway station.**
  지하철역을 찾고 있어요.

  subway station (썹웨이 s떼이션) 지하철역

- **I'm looking for the manager.**
  매니저를 찾고 있어요.

- **I'm looking for a new job.**
  새 직장을 찾고 있어요.

- **I'm looking for a place to eat lunch.**
  점심 먹을 장소를 찾고 있어요.

  place (플레이s) 장소

- **I'm looking for a gift for a friend.**
  친구에게 줄 선물을 찾고 있어요.

소리내봅시다

I'm looking for a bathroom.

[aɪm ˈlʊkɪŋ fɔrə]
암 르낑f오어

[ˈbæθruːm]
배th룸

→ 이렇게 발음하면 안 돼요! [아임 루킹 포 어 배쓰룸]

화장실을 찾고 있어요.

내용어인 looking과 bathroom부터 어떻게 발음해야 하는지 알아볼까요? looking은 L로 시작하는 소리이므로 혀끝으로 윗니 뒤쪽을 꾹 눌렀다가 떼며 또렷하게 [(을)르낑]으로 소리 냅니다. bathroom의 th는 혀가 윗니와 아랫니 사이에서 아주 살짝 보이다가 소리 내는데 혀가 '보이'는 것이 중요한 게 아니라 윗니와 아랫니 사이가 벌어져서 그 사이로 바람이 새어 나오는 것이 포인트예요. I'm은 [아임]으로 소리 내도 좋지만 빠르게 말할 경우 [암]으로 축약해서 소리 냅니다.

해설 직강 듣기

I'm looking forward to ~
~가 기대돼

A The weather will be perfect this weekend.
이번 주말에 날씨가 엄청 좋을 거래.

B I'm looking forward to our picnic at the park.
공원 피크닉이 너무 기대돼.

A Should we invite others too?
다른 사람들도 초대할까?

B Sure, the more the merrier!
좋아, 사람이 많을수록 더 재미있지!

weather ((우)웨th어) 날씨   invite (인v아잍) 초대하다
the more the merrier (더 모어r 더 메뤼어r) 사람이 많을수록 좋다

'~가 기대돼요'라는 뜻으로, 미래에 일어날 일이나 경험에 대한 긍정적인 기대감을 나타낼 때 사용해요. 일상뿐 아니라 비즈니스 상황에서도 폭넓게 사용할 수 있는 아주 유용한 표현이에요. 이 패턴 뒤에는 주로 명사나 동명사가 옵니다.

유사 표현

- I'm excited about the weekend.
  I'm excited about ~도 기대감을 표현할 때 쓸 수 있는 패턴이에요. I'm looking forward to ~보다 더 강한 감정과 설렘을 담고 있어 친구들과 대화할 때 많이 사용해요. 격식 없는 상황에 더 잘 어울리는 표현입니다.

MP3 듣기

집중 훈련! 이렇게 표현해요

- **I'm looking forward to seeing you.**
  널 만나길 기대하고 있어.

- **I'm looking forward to the movie.**
  영화가 기대돼.

- **I'm looking forward to the honeymoon.**
  신혼여행이 기대돼.

  honeymoon (허니무운) 신혼여행

- **I'm looking forward to catching up with you.**
  너와 이야기 나누는 걸 기대하고 있어.

  catching up (캐애췽업) 밀린 이야기를 나누다

- **I'm looking forward to relaxing at home.**
  집에서 편히 쉬는 걸 기대하고 있어.

소리내봅시다

I'm **loo**king **for**ward to the **wee**kend.

[aɪm ˈlʊkɪŋ ˈfɔrwərd]
암 르낑f오월

[tə ðə ˈwiːkend]
트더(우)위이껜

→ 이렇게 발음하면 안 돼요! [아임 루킹 포워드 투 더 위켄드]
주말이 기대돼.

I'm은 기능어이므로 축약해서 [암]으로 소리 낸 후 내용어인 looking forward의 각 첫음절에 강세를 주어 매우 또렷하게 찍어 내리듯 발음해요. forward처럼 f로 시작하는 단어는 시작하기 전에 바람이 살짝 느껴지도록 시동을 걸다가 f를 발음하면 더욱 쫀쫀한 발음이 완성됩니다. forward의 d와 to의 t는 혀의 위치가 완전히 같죠? 그래서 한 번만 소리 내듯 [f오월]으로 이어서 소리 내요. to the는 기능어인 만큼 힘을 빼고 [트더]로, weekend는 내용어이므로 또렷하게 강세를 줍니다. w는 모음이 아니기 때문에 [위]로 소리 내지 않고 입술을 쭉 내민 후 [(우)위-]처럼 시동을 걸듯 발음해보세요. looking과 weekend처럼 강세 뒤에 오는 k 소리는 [ㅋ] 혹은 [ㄲ]로 소리 낼 수 있습니다.

해설 직강 듣기

복습하기 29~32

- Look at that puppy.
- Look at the price of this computer.
- Look at this bag I just bought.
- Don't look at my phone.
- Look out for wet floors.
- Look out for pickpockets.
- Look out for phone scams.
- Look out for errors in the report.
- I'm looking for the subway station.
- I'm looking for the manager.
- I'm looking for a new job.
- I'm looking for a place to eat lunch.
- I'm looking for a gift for a friend.
- I'm looking forward to seeing you.
- I'm looking forward to the movie.
- I'm looking forward to catching up with you.

- 저 강아지 좀 봐.

- 이 컴퓨터 가격 좀 봐.

- 내가 방금 산 이 가방 좀 봐봐.

- 내 핸드폰 보지 마.

- 바닥이 미끄러우니까 조심해.

- 소매치기 조심해.

- 보이스 피싱 조심해.

- 보고서에 오류가 있는지 주의해서 보세요.

- 지하철역을 찾고 있어요.

- 매니저를 찾고 있어요.

- 새 직장을 찾고 있어요.

- 점심 먹을 장소를 찾고 있어요.

- 친구에게 줄 선물을 찾고 있어요.

- 널 만나길 기대하고 있어.

- 영화가 기대돼.

- 너와 이야기 나누는 걸 기대하고 있어.

Get

Get은 네이티브가 다양한 의미로 사용하는 일상 필수 단어입니다. '~가 되다', '이해하다', '변하다', '도착하다' 등 단어 자체의 뜻도 많지만, 다른 단어와 합쳐져 새로운 의미의 숙어로도 변신하죠. 그런 만큼 영어의 치트키 Get만 알면 영어가 점점 쉬워져요.

33 I get ~.

34 It's getting ~.

35 I got in touch with ~.

36 Did you get enough ~?

I get ~
~를 이해해

A Isn't this cafe really nice?

이 카페 정말 좋지 않아?

B Yeah, their coffee is great. **I get** why you like this place.

응, 커피도 맛있어. 네가 왜 이곳을 좋아하는지 알겠어.

여기에서 소유격 their를 쓰는 이유는 가게, 회사, 카페 같은 단체(조직)를 사람으로 보기 때문이에요.

A I really like the vibes as well.

나는 분위기도 정말 마음에 들어.

B Yes, it's very cozy here.

맞아, 여기 아늑하고 좋다.

vibes (v아입z) 분위기 **cozy** (코우지) 아늑하다

'~를 이해해요' 또는 '~를 알겠어요'라는 뜻으로, 상대방의 말이나 상황을 이해했다는 것을 간단하고 친근하게 전달할 때 사용해요. 일상 대화에서 자주 쓰며, 단순히 이해했다는 것을 넘어 공감이나 동의의 뉘앙스를 포함하고 있어요. 이 패턴 뒤에는 명사나 의문사절을 붙여요.

유사 표현

- I understand what you mean.
  보통 '~를 이해하다'라고 하면 I understand ~를 가장 먼저 떠올리는데, 이 패턴은 공식적인 자리나 업무와 관련된 대화에 적합해요. 친구나 동료와의 가벼운 대화에서는 I get ~이 더 자연스러워요.

MP3 듣기

집중 훈련! 이렇게 표현해요

- **I get the joke.**
  농담을 이해했어.

  joke (죠우ㅋ) 농담

- **I get how you feel.**
  네 마음을 이해해.

  > feel을 '느끼다'라는 뜻의 동사로 배웠을 거예요. 하지만 여기에서는 사람이 느끼는 감정이나 기분을 가리키는 말이에요. 그래서 how you feel은 '네가 어떻게 느끼는지' 즉, '네 기분, 네 마음'이라는 뜻이 돼요.

- **I get the instructions.**
  설명서를 이해했어.

  instructions (인s뜨뤅션s) 설명서

- **I get why you are upset.**
  네가 왜 속상한지 알겠어.

- **I get the idea now.**
  이제 개념을 이해했어.

소리내봅시다

> # I get what you mean.
>
> [ɑɪ get]　　　　[wʌtʃu miːn]
> 아이**겟**　　　　와츄**미이인**
>
> → 이렇게 발음하면 안 돼요! [아이 겟 왓 유 민]
> 무슨 말인지 이해해.

이 문장에서 핵심 내용어는 get, what, mean입니다. I get은 천천히 자연스럽게 연결해서 말하면 [아이 겟]이지만, 빠르게 말할 때는 [아 겟]으로 축약해서 발음할 수 있어요. what you에서는 t와 y가 만나면 [츄]로 소리가 변해 [왓 유]가 아니라 [와츄]로 발음됩니다. mean은 강세가 있는 단어예요. 따라서 m이 또렷하게 잘 들리도록 신경 쓰고 모음도 장모음으로 길게 소리 내면서 [미이인]으로 발음하면 네이티브처럼 자연스럽게 들릴 거예요.

해설 직강 듣기

34

It's getting ~
~해지고 있어

A **How's your headache?**
두통은 어때?

B **It's getting worse, actually.**
사실 점점 심해지고 있어.

> 심각한 건강 문제가 있거나 응급상황일 때는 go to the hospital이라고 쓰지만, 그 외에는 see a doctor 표현을 주로 사용해요.

A **Maybe you should see a doctor.**
병원에 가보는 게 좋을 것 같은데.

B **You're right, I probably should.**
맞아, 그래야 할 것 같아.

headache (헤데이크) 두통   **worse** (워r스) 더 나쁜
see a doctor (씨이 어 다악터r) 병원에 가서 진료를 받다

get은 '~가 되다', '변하다'라는 의미로 자주 쓰여요. 따라서 It's getting ~은 '~해지고 있어요'라는 뜻으로, 무언가가 달라지고 있다는 것을 나타낼 때 사용해요. 이 패턴 뒤에 형용사를 붙이면 다양한 표현을 할 수 있는데 특히 날씨, 시간, 감정, 상황 등의 변화를 설명할 때 적합해요.

유사 표현

- **It's starting to get dark.**
'어두워지기 시작해요'라는 의미로, 여기에서 start는 '시작하다'라는 뜻이에요. 그래서 변화가 막 시작하려고 할 때는 It's starting to get ~을 쓰고, 변화가 이미 진행 중일 때는 It's getting ~을 써요.

MP3 듣기

집중 훈련! 이렇게 표현해요

- **It's getting late.**
  시간이 늦어지고 있어.

- **It's getting busy.**
  바빠지고 있어.

- **It's getting warmer these days.**
  요즘 날씨가 따뜻해지고 있어.

  warmer (워r머r) 더 따뜻하다

- **It's getting close to dinnertime.**
  저녁 시간이 다가오고 있어.

  > dinnertime은 저녁을 먹는 시간대를 뜻해요. 영어에서 -time이 붙으면 '~하는 시간'이라는 의미가 돼요. 따라서 lunchtime은 '점심 먹는 시간', bedtime은 '잠잘 시간'을 의미하죠.

  close (클로우s) 가까워지다

- **It's getting expensive to eat out.**
  외식비가 점점 비싸지고 있어.

  eat out (이이라웃) 외식하다

소리내봅시다

It's getting dark.

[ɪts ˈgetɪŋ]   [dɑːrk]
읻ts게링   다아rㅋ

→ 이렇게 발음하면 안 돼요! [이츠 게팅 다크]

어두워지고 있어.

내용어를 찾아볼까요? getting과 dark입니다. 기능어인 It's는 빠르게 말할 때 [잇츠]처럼 2개의 소리가 아니라 [읻ts]처럼 1개의 소리로 발음해요. getting에서 t는 모음과 모음 사이에 위치하기 때문에 미국식 발음에서는 Flap T 소리로 변해 [게링]처럼 부드럽게 소리 냅니다. dark는 강세가 잘 느껴지도록 d 소리를 또렷하게 내고, ar는 [아r]처럼 입을 크게 벌리고 길게 발음합니다. 따라서 dark는 [다아rㅋ]로 발음해요.

해설 직강 듣기

I got in touch with ~
~와 연락했어

A Is your washing machine still broken?

세탁기 아직도 고장 났어?

B Yes. I got in touch with the repair service.

응. 수리 업체에 연락했어.

A When are they coming?

언제 온대?

B Tomorrow morning, finally!

드디어 내일 아침에 온대!

washing machine (와아쒸 머쒸인) 세탁기   repair service (뤼페어r 써rvOIs) 수리 서비스 업체

I got in touch with ~는 '~와 연락했어요'라는 뜻으로, 누군가와 연락을 시도하거나 성공적으로 연락이 되었을 때 사용해요. with 뒤에 연락한 대상을 붙여서 문장을 완성하면 됩니다. 이 패턴은 비즈니스 상황뿐 아니라 일상적인 대화에서도 사용할 수 있어 활용도가 매우 높아요.

유사 표현

- I contacted an old friend.
  I contacted ~도 '~와 연락했어요'라는 뜻이에요. 하지만 이 패턴은 I got in touch with ~보다 공식적인 느낌이 강해 비즈니스 상황에서 주로 사용해요. 일상생활에서는 친근한 뉘앙스를 가진 I got in touch with ~를 사용하길 권해요.

MP3 듣기

집중 훈련! 이렇게 표현해요

- **I got in touch with my old roommate.**
  예전 룸메이트와 연락이 닿았어.

  > 이 문장에서 old는 '나이 든'이 아니라 '예전의, 오래전부터 알던'이라는 뜻이에요. 그래서 my old roommate는 '전에 같이 살던 룸메이트'라는 의미가 돼요.

- **I got in touch with a former colleague.**
  예전 동료와 연락이 됐어.

  former (f오r머r) 예전의 colleague (카아리익) 동료

- **I got in touch with customer service.**
  고객 서비스 센터에 연락했어.

- **I got in touch with the landlord.**
  집주인과 연락했어.

  landlord (랜드로어rㄷ) 임대주

- **I got in touch with the shipping company.**
  배송 회사에 연락했어.

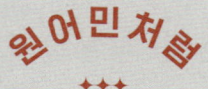

소리내봅시다

> # I got in touch with an old friend.
>
> [aɪ ɡɑːtɪn tʌtʃ]　　　　[wɪð ən oʊld frend]
> 아이**가**린**터**츠　　　　위th언**오**울드f**뤤**드
>
> → 이렇게 발음하면 안 돼요! [아이 갓 인 터치 위드 언 올드 프렌드]
>
> 옛 친구와 연락이 닿았어.

got, touch, old, friend가 핵심 내용어이고, 나머지 단어는 모두 기능어예요. 내용어는 강세를 주고, 기능어는 힘을 빼고 약하게 발음합니다. got in은 자연스럽게 연결되어 [가린]으로 소리 냅니다. got의 t는 모음과 모음 사이에 위치해서 소위 굴러가는 소리, Flap T 현상이 일어나기 때문이죠. touch의 ch는 모음 소리인 [치]로 소리 내지 않도록 신경 써야 해요. 성대가 울리지 않게 바람 소리 [츠]만 들리도록 소리 냅니다. old friend는 강세가 있는 1음절 내용어이므로 old와 friend의 앞부분이 또렷하게 잘 들리도록 발음해요.

해설 직강 듣기

Did you get enough ~?
~가 충분했어?

A The exam is tomorrow.
내일이 시험이야.

B **Did you get enough** time to prepare?
준비할 시간이 충분했어?

A Not really, I'm quite nervous.
아니, 좀 긴장되네.

B Let's study together then.
그럼 같이 공부하자.

prepare (프뤼페어) 준비하다 **quite** (쿠와잍) 꽤 **nervous** (너rv으s) 긴장한

'~가 충분했나요?'라는 뜻의 패턴이에요. 상대방의 만족도나 상태를 확인하기 위한 질문으로, 관심과 배려의 뉘앙스를 담고 있어요. 패턴 뒤에 음식, 휴식 등 다양한 명사를 붙이면 됩니다. 일상생활에서 친한 사람들에게 관심을 보여주면서 대화를 시작하는 데 좋은 표현이에요.

유사 표현

- Did you get plenty of sleep?
  Did you get enough ~?는 필요한 최소한의 양이 충족되었는지 묻는 표현이에요. 반면 Did you get plenty of ~?는 충분함을 넘어 풍부하고 넉넉한 양을 얻었는지 묻는 뉘앙스지요. plenty of를 사용하면 더 긍정적이고 여유로운 느낌을 줍니다.

MP3 듣기

집중 훈련! 이렇게 표현해요

- **Did you get enough food?**
  음식이 충분했어?

- **Did you get enough rest?**
  충분히 쉬었어?

  rest (뤠sㅌ) 휴식, 쉬다

- **Did you get enough fresh air?**
  신선한 공기를 충분히 쐬고 왔어?

  fresh air (f뤠쉐어r) 신선한 공기

- **Did you get enough information?**
  정보를 충분히 얻었어?

- **Did you get enough exercise?**
  운동을 충분히 했어?

소리내봅시다

Did you get enough sleep?

[dɪdʒə] [getɪˈnʌf sliːp]
디쥬 게리너f슬리잎

→ 이렇게 발음하면 안 돼요! [디드 유 겟 이너프 슬립?]

잠을 충분히 잤어?

Did you는 빠르게 연결하면서 [디쥬]로 발음되는데, 이는 did의 마지막 d와 you의 y가 만나 자연스럽게 연음되는 현상이에요. 이제 get enough를 살펴봅시다. 미국식 발음에서 get의 t는 모음과 모음 사이에 있기 때문에 [ㄹ] 소리처럼 들려요. 그래서 [게리너프]처럼 부드럽게 이어지죠. 이 소리는 혀끝이 윗잇몸 바로 뒤쪽을 가볍게 스치듯이 발음하는 것이 포인트예요. t를 또박또박 발음하는 게 아니라 혀가 윗잇몸에 가볍게 닿았다가 떨어지도록 자연스럽게 enough와 연결해보세요. sleep의 경우 l이 잘 들리도록 모음을 길게 [슬리-잎]으로 발음합니다.

해설 직강 듣기

복습하기 33~36

- I get the joke.
- I get how you feel.
- I get why you are upset.
- I get the idea now.
- It's getting late.
- It's getting busy.
- It's getting warmer these days.
- It's getting close to dinnertime.
- I got in touch with a former colleague.
- I got in touch with customer service.
- I got in touch with the landlord.
- I got in touch with the shipping company.
- Did you get enough food?
- Did you get enough rest?
- Did you get enough fresh air?
- Did you get enough exercise?

- 농담을 이해했어.
- 네 마음을 이해해.
- 네가 왜 속상한지 알겠어.
- 이제 개념을 이해했어.
- 시간이 늦어지고 있어.
- 바빠지고 있어.
- 요즘 날씨가 따뜻해지고 있어.
- 저녁 시간이 다가오고 있어.
- 예전 동료와 연락이 됐어.
- 고객 서비스 센터에 연락했어.
- 집주인과 연락했어.
- 배송 회사에 연락했어.
- 음식이 충분했어?
- 충분히 쉬었어?
- 신선한 공기를 충분히 쐬고 왔어?
- 운동을 충분히 했어?

Make

Make는 '만들다'라는 뜻 외에도 다양한 뜻을 가지고 있어요. 가장 많이 접하는 기본 동사 중 하나지만 '도착하다', '결정하다', '확실히 하다' 등 문맥에 따라 해석이 달라집니다. 한국인들이 제대로 못 쓰는 단어, Make의 다양한 표현을 알아볼까요?

37   I can make it to ~.

38   You make me ~.

39   I made sure to ~.

40   I made up my mind ~.

I can make it to ~
~ 할 수 있어/해내다

A **The movie starts at six.**
영화가 6시에 시작해.

B **I can make it to the theater by five thirty.**
5시 반까지 극장에 도착할 수 있어.

A **Let's meet at the entrance.**
입구에서 만나자.

B **Sure, I'll text you when I get there.**
그래, 도착하면 문자할게.

theater (th이이러) 극장   entrance (엔츄른s) 입구

 make it은 '도착하다', '참석하다'라는 뜻이에요. 그래서 I can make it to ~는 '~할 수 있어요' 또는 '~에 참석할 수 있어요'라는 의미예요. 이 패턴 뒤에는 특정 장소나 이벤트를 붙여주면 됩니다. 일상에서 굉장히 많이 사용하는 표현으로, 특히 약속을 잡거나 참석 여부를 확인할 때 자주 쓰여요.

유사 표현

- I can go to dinner.
  I can go to ~는 I can make it to ~보다 더 직접적이고 단순한 표현이에요. make it이 노력이나 시간 조정의 뉘앙스를 포함한다면, go는 단순히 이동 가능성만을 나타내요.

MP3 듣기

집중 훈련! 이렇게 표현해요

- **I can make it to** the party.
  파티에 갈 수 있어요.

- **I can make it to** the meeting.
  회의에 참석할 수 있어요.

- **I can make it to** the wedding.
  결혼식에 갈 수 있어요.

  wedding (웨딩) 결혼식

- **I can make it to** the team dinner.
  회식에 참석할 수 있어요.

  team dinner (티임디너r) 회식

- **I can make it to** the restaurant by seven.
  식당에 7시까지 도착할 수 있어요.

  > by seven은 '7시까지'라는 뜻으로, '7시 이전이나 7시 정각까지 도착할 수 있다'라는 의미예요.

소리내봅시다

I can make it to **di**nner.

[aɪ kən]
아이큰

[meɪkɪtə dɪnər]
메이킷트 디너r

→ 이렇게 발음하면 안 돼요! [아이 캔 메이크 잇 투 디너]
저녁 식사에 참석할 수 있어.

이 문장에서 핵심 내용어는 make와 dinner예요. I can은 [아이 캔]처럼 또박또박 발음할 수 있지만, 빠르게 말하면 [아이큰]처럼 can의 모음이 약화됩니다. make it에서 k와 it을 자연스럽게 연결하면 [메이킷] 혹은 [메이낏]으로 발음돼요. 미국식 발음에서는 자음 k와 p, '자음+t' 다음에 모음이 따라오면 살짝 된소리로 연음되기 때문이죠. to도 약화되어 [투]보다 [트]로 발음합니다. 따라서 make it to는 한 번에 자연스럽게 [메이킷트]로 발음해요. 내용어인 dinner는 강세가 오는 첫음절의 d를 또렷하게 발음하고, 모음은 길지 않도록 빠르게 강세를 줍니다.

해설 직강 듣기

You make me ~
넌 날 ~하게 해

A I had a really tough day today.
오늘 정말 힘든 하루였어.

B Hey, don't be too hard on yourself. You're doing great!
야, 너무 자책하지 마. 넌 잘하고 있어!

A Thanks. **You make me** smile even when I feel down.
고마워. 네 덕분에 힘들 때도 웃게 돼.

B That's what friends are for!
친구란 원래 그런 거지!

tough (터f) 힘든   don't be hard on yourself (도운 비 하아r던녀r셀f) 자책하지 마

이 패턴은 상대방으로 인해 어떤 감정을 느끼거나 행동하게 될 때 사용해요. Don't make me ~는 '~하게 하지 마세요'라는 뜻으로, 상대방에게 경고하거나 특정 행동을 하지 않기를 바랄 때 사용합니다. 패턴 뒤에는 형용사나 동사원형이 옵니다.

> 유사 표현

- You make me feel special.
  You make me feel ~의 뜻은 '너는 내가 ~한 것처럼 느끼게 해'입니다. 감정과 상태에 초점을 두기 때문에 깊은 감정을 표현할 때 사용해요.

MP3 듣기

178　PART 2

집중 훈련! 이렇게 표현해요

- **You make me happy.**
  넌 날 기쁘게 해.

- **You make me proud.**
  네가 자랑스러워(넌 날 자랑스럽게 해).

  proud (프라우드) 자랑스러운

- **You make me dream bigger.**
  넌 내가 더 큰 꿈을 갖게 해.

  dream (쥬뤼임) 꿈꾸다

- **Don't make me wait.**
  나 기다리게 하지 마.

- **Don't make me angry.**
  나 화나게 하지 마.

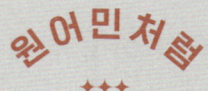

소리내봅시다

You make me laugh.

[ju meɪk mi]   [læf]
유**메**익미   (을)**래**애f

→ 이렇게 발음하면 안 돼요! [유 메이크 미 래프]
넌 날 웃게 해.

make me는 k와 m을 빠르게 이어서 [메익미]로 소리 내요. 내용어인 laugh는 첫음절에 강세를 주어 또렷하게 들리도록 발음해야 합니다. 자음 l을 우리말 [래]처럼 빠르게 소리 내지 않고, 혀끝으로 윗니의 뒷부분을 꾹 누르며 시동을 걸어 [(을)래애f]로 발음해요. laugh에서 모음 a는 입을 양옆으로 넓게 벌리면서 [래애-]처럼 길게 소리 내면 더 자연스럽습니다.

해설 직강 듣기

I made sure to ~
~를 확실히 했어

A Are you ready for the trip?
여행 갈 준비됐어?

B Yes, I made sure to pack all the essentials.
응, 필수품은 확실히 챙겼어.

A Did you bring your passport?
여권은 가져왔어?

B Absolutely, it's the first thing I packed.
당연하지, 제일 먼저 챙겼어.

pack (패액) 짐을 싸다 **essentials** (이쎄엔셜s) 필수품
absolutely (앱써룰리) 당연하지, 물론이지

 make sure은 '확실히 하다'라는 뜻이에요. 따라서 I made sure to ~는 '~를 확실히 했어요'라는 의미입니다. 이 패턴은 어떤 일을 확실히 완료했거나 신경 써서 처리했다는 것을 강조할 때 사용해요. 정중한 요청의 뉘앙스를 더하고 싶을 때는 패턴 앞에 Please를 붙입니다.

유사 표현

- Don't forget to lock the door.
  Don't forget to ~는 '~하는 거 잊지 마세요'라는 뜻이에요. Please make sure to ~보다 더 친절하고 일상적인 표현이에요. 이 패턴은 명령문이지만 힘을 빼고 말하면 상대방을 배려하는 느낌이 납니다.

MP3 듣기

집중 훈련! 이렇게 표현해요

- **I made sure to save the files.**
  파일을 확실히 저장했어.

- **I made sure to bring my wallet.**
  지갑을 확실히 챙겼어.

  > bring은 단순히 '가져오다'라는 뜻이 아니라 어떤 걸 '잊지 않고 챙겨서 가지고 오는 것'까지 포함해요.

- **I made sure to turn off the lights.**
  불을 확실히 껐어.

  turn off (터너f) 끄다

- **Please make sure to arrive on time.**
  꼭 제시간에 와주세요.

  arrive (어롸이v) 도착하다

- **Please make sure to bring your ID.**
  신분증을 꼭 챙기세요.

  ID (아이디이) 신분증

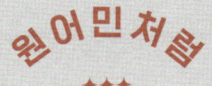

소리내봅시다

I made sure to lock the door.

[aɪ meɪd ʃʊr]
아**메**잇**셔**r

[tə lɑːk ðə dɔːr]
트**라**악 더**도**어r

→ 이렇게 발음하면 안 돼요! [아이 메이드 슈어 투 라크 더 도어]
문을 확실히 잠갔어.

핵심 내용어는 made, sure, lock, door입니다. 강세를 줘야 할 단어를 생각하며 발음해보세요. made는 [메이드]처럼 마지막 [드]에서 [으] 모음 소리가 나지 않도록 주의합니다. I made는 빠르게 말하면 I가 약화되므로 [아메잇]으로 발음해요. sure는 [ʃʊr] 발음으로 [슈어]처럼 2개 음절로 소리 내는 게 아니라 [셔r]처럼 한 번에 발음하는 게 자연스러워요. lock의 l 소리를 또렷하게 내려면 혀끝으로 윗니 뒤쪽을 꾹 눌렀다가 턱을 길게 벌려 [(을)라악]으로 발음합니다. the door는 the가 약화되므로 세게 소리 내지 않고 door의 d가 또렷하게 들리도록 발음해요.

해설 직강 듣기

I made up my mind ~
~를 결정했어

A Have you decided on your vacation plans?
휴가 계획 정했어?

B **I made up my mind** to travel to Italy.
이탈리아로 여행 가기로 결정했어.

A Italy sounds amazing! When are you going?
이탈리아 너무 좋겠다! 언제 갈 거야?

B I'm planning for springtime.
봄에 가려고 계획 중이야.

vacation (v에이케이쎤) 휴가　springtime (S프링타임) 봄철

make up one's mind ~는 '결정하다', '마음을 정하다'라는 뜻으로, 고민 끝에 최종 결정을 내렸다는 걸 강조할 때 사용해요. 이 패턴 뒤에는 주로 to 부정사나 'about + 명사'가 붙어요. '결정을 내리지 못하겠어요'라고 말하고 싶다면 I can't make up my mind ~를 씁니다. 여러 선택지 사이에서 고민하고 있거나 결정을 내리기 어려울 때 사용해요.

유사 표현

- I decided to move.
'저는 이사하기로 결정했어요'라는 뜻이에요. decide와 make up one's mind ~ 둘 다 '결정하다'라는 뜻이지만, make up one's mind ~가 더 강한 결심이나 많은 고민 끝에 내린 결정을 나타내요.

MP3 듣기

집중 훈련! 이렇게 표현해요

- **I made up my mind** to study abroad.
  유학을 가기로 결정했어.

  study abroad (s떠디 어브롸아드) 유학하다

- **I made up my mind** about the wedding.
  결혼식에 대한 결정을 내렸어.

- **I made up my mind** to go on a diet.
  다이어트하기로 결정했어.

  > 영어에서 diet는 보통 명사(식단, 식이요법)로 쓰여요. 그래서 '다이어트하다'라고 할 때는 diet라고 하지 않고, go on a diet라고 말해요.

- **I can't make up my mind** about the job offer.
  그 일자리 제안을 받아들일지 결정을 못 내리겠어.

  job offer (좌아버어f어r) 일자리 제안

- **I can't make up my mind** about the trip.
  여행을 갈지 결정을 못 내리겠어.

소리내봅시다

I made **u**p my **mi**nd to **mo**ve.

[aɪ meɪdʌp maɪ maɪn]　　　　[tə muːv]
아이 **메이럽마이마인**　　　　트**무우**v

→ 이렇게 발음하면 안 돼요! [아이 메이드 업 마이 마인드 투 무브]
이사 가기로 결정했어.

made up의 d는 [덥]처럼 연음해도 되지만, 미국식 발음의 경우 모음과 모음 사이에 d가 있으면 Flap T/D 현상이 일어나 [메이럽]으로 발음해요. mind는 입술을 꾹 다물었다가 떼어내며 m을 또렷하게 소리 냅니다. mind to의 to는 약화되고, d와 t는 발음할 때 혀의 위치가 같으므로 [마인드 투]가 아니라 [마인트]로 발음해요. move를 발음할 때 [uː] 모음 소리는 입술을 둥글게 모아 쭉 내민 상태에서 [무우v]처럼 길게 발음합니다.

해설 직강 듣기

복습하기　　　　　　　　　　　　37~40

- I can make it to the party.
- I can make it to the meeting.
- I can make it to the wedding.
- I can make it to the restaurant by seven.
- You make me happy.
- You make me proud.
- Don't make me wait.
- Don't make me angry.
- I made sure to save the files.
- I made sure to bring my wallet.
- Please make sure to arrive on time.
- Please make sure to bring your ID.
- I made up my mind to study abroad.
- I made up my mind to go on a diet.
- I can't make up my mind about the job offer.
- I can't make up my mind about the trip.

- 파티에 갈 수 있어요.

- 회의에 참석할 수 있어요.

- 결혼식에 갈 수 있어요.

- 식당에 7시까지 도착할 수 있어요.

- 넌 날 기쁘게 해.

- 네가 자랑스러워(넌 날 자랑스럽게 해).

- 나 기다리게 하지 마.

- 나 화나게 하지 마.

- 파일을 확실히 저장했어.

- 지갑을 확실히 챙겼어.

- 꼭 제시간에 와주세요.

- 신분증을 꼭 챙기세요.

- 유학을 가기로 결정했어.

- 다이어트하기로 결정했어.

- 그 일자리 제안을 받아들일지 결정을 못 내리겠어.

- 여행을 갈지 결정을 못 내리겠어.

Go

Go는 많은 사람들이 '가다'라는 의미로만 아는데, 문맥에 따라 다양한 뉘앙스로 쓰이는 단어예요. 이동하거나 진행하는 동작의 뉘앙스를 담고 있는 '가다', '진행하다'라는 뜻 외에도 '변하다', '완료하다' 등의 의미가 있습니다.

41   I go to ~.
42   go + 형용사
43   I'm gonna ~.
44   I'll go with ~.

I go to ~
~에 가

A How do you stay in shape?
너 몸매 관리를 어떻게 해?

B I go to the gym every morning.
난 매일 아침 헬스장에 가.

A That's impressive! How early?
대단하다! 몇 시에 가는데?

B Around six AM before work.
출근 전에 새벽 6시쯤.

stay in shape (s떼이 인 쉐입) 몸매를 관리하다   **impressive** (임프뤠씨v) 대단하다, 인상적이다

특정 장소를 정기적 또는 일상적으로 방문할 때 사용하는 표현이에요. '~에 가요', '~에 다녀요'라는 의미입니다. 상대방에게 '~에 가자'라고 제안할 때는 Let's go to ~ 패턴을 사용하면 됩니다. to 뒤에는 구체적인 장소를 쓰면 돼요.

유사 표현

- I usually go to work on weekdays.
  '나는 보통 평일에 출근해요'라는 의미예요. '보통'이라는 뜻의 usually가 더해져 그 행동이 습관적이거나 규칙적으로 일어난다는 것을 강조해요. 이 패턴은 일상적인 루틴이나 습관을 설명할 때 자주 사용합니다.

MP3 듣기

집중 훈련! 이렇게 표현해요

- **I go to** school by bus.
  나는 버스를 타고 학교에 다녀.

- **I go to** bed early.
  나는 일찍 자(일찍 자러 가).

  early (어어r을리) 일찍

- **I go to** a cafe in the mornings.
  나는 아침에 카페에 가.

- **Let's go to** the movies.
  영화 보러 가자.

  > 영어에서 the movies는 단순히 '영화들'이 아니라 '영화관에 가서 영화 보기'라는 뜻이에요. 미국에서는 '극장'이라는 뜻의 the theater 대신 the movies라고 자주 말해요.

- **Let's go to** the library to study.
  도서관에 가서 공부하자.

  library (라이브뤠리) 도서관

소리내봅시다

> # I go to work on weekdays.
>
> [aɪ goʊɾə] 　　　[wɜːkɔn ˈwiːkdeɪz]
> 아이고우루 　　　워r껀 위익데이z
>
> → 이렇게 발음하면 안 돼요! [아이 고 투 워크 온 위크데이스]
> 나는 평일에 출근해.

이 문장에서 핵심 내용어는 go, work, weekdays예요. I go to는 자연스럽게 연결되면서 모음 사이의 t가 Flap T 현상이 일어나 [아이고우루]처럼 발음합니다. work에서 w를 발음할 때는 입술을 앞으로 둥글게 모으고 [우]하며 시동을 거는 느낌으로 [(우)워r크]처럼 또렷하게 소리내요. weekdays에서 week의 k 소리와 days의 d 소리가 자연스럽게 연결되면서 [위이크데이z] 혹은 [위익데이z]로 발음합니다.

해설 직강 듣기

42

go + 형용사
~가 되다

A What's wrong with your computer?
컴퓨터에 무슨 문제 있어?

B I don't know. The screen **went black** suddenly.
모르겠어. 갑자기 화면이 꺼져버렸어.

A Did you save your work?
작업한 거 저장했어?

B Thankfully, I had auto-save on.
다행히 자동 저장 기능을 켜놨었어.

screen (s끄뤼인) 화면 **auto-save** (어로우세이v) 자동 저장

'go + 형용사'는 '~가 되다', '~해지다'라는 의미로 사용되는 표현이에요. go는 변화나 상태의 전환을 나타낼 때 사용하며, 뒤에 형용사가 와서 그 변화를 구체적으로 설명합니다. 상태, 기분, 색깔의 변화를 표현할 때 자주 써요. '~해졌다'로 표현할 때는 go의 과거형인 went를 씁니다.

유사 표현

- The milk is going to go bad.
  '우유가 상할 거예요'라는 의미예요. be going to는 '~할 거예요'라는 뜻으로, 가까운 미래에 일어날 일을 말할 때 사용해요. 'go + 형용사'와 함께 쓰면 앞으로 일어날 상태의 변화를 예측할 때 효과적이에요.

MP3 듣기

집중 훈련! 이렇게 표현해요

- **She went quiet.**
  그녀는 조용해졌어.

  quiet (쿠와이읕) 조용한

- **The food went cold.**
  음식이 식었어.

- **Her hair went gray.**
  그녀의 머리가 하얗게 변했어.

  > 영어에서 '흰머리'는 white hair가 아니라 gray hair라고 표현해요. 따라서 '머리가 하얗게 변했다'라고 말할 때도 go white가 아니라 go gray로 쓰지요.

- **The plan went wrong.**
  계획이 틀어졌어.

  wrong (우뤄엉) 틀린

- **My eyes went bad years ago.**
  몇 년 전에 시력이 나빠졌어.

소리내봅시다

The milk went bad.

[ðə mɪlk]　　[wen bæd]
더미을ㅋ　　웬배앧

→ 이렇게 발음하면 안 돼요! [더 밀크 웬트 배드]
우유가 상했어.

The는 기능어이므로 힘을 빼고 짧게 [더]라고 가볍게 발음하고, 내용어인 milk는 강세를 주어 발음해요. milk의 [lk]는 혀끝이 윗잇몸에 닿았다가 떨어지는 느낌으로 [미을ㅋ]로 소리 냅니다. went는 -nt 스펠링으로 끝나는 단어이므로 t 소리가 강하게 발음되지 않고 자연스럽게 약화되면서 [웬]으로 발음해요. milk와 went를 발음할 때는 중간에 쉬지 않도록 k 소리를 작고 빠르게 내고 went를 바로 이어서 소리 내요. bad의 b는 또렷하게 내고, 모음 a는 입을 크게 벌리면서 길게 소리 내 [배앧]처럼 발음하는 것이 자연스럽습니다.

해설 직강 듣기

43
I'm gonna ~
~할 거야

A **What are you doing this weekend?**
이번 주말에 뭐 해?

B **I'm gonna visit my grandparents.**
할머니, 할아버지 댁에 갈 거야.

A **Are you staying overnight?**
하룻밤 자고 올 거야?

B **Yes, that's the plan.**
응, 그럴 계획이야.

visit (v이z잇) 방문하다, 보러 가다   grandparents (ㄱ쀄앤페뤤s) 조부모
overnight (오우v어나잇) 하룻밤 동안

I'm going to ~의 축약형으로, '~할 거야'라는 뜻이에요. 일상 대화에서 굉장히 많이 사용되며, 가볍고 캐주얼한 느낌을 줘요. 주로 친구나 가족처럼 편한 사이에서 쓰고, 공식적인 문서나 발표에서는 I'm going to ~ 형태를 그대로 사용하는 것이 좋습니다. 미래에 할 일을 미리 계획하거나 의도했을 때 사용하며, 패턴 뒤에는 동사원형이 옵니다.

유사 표현

- I'll call her later.
'나중에 그녀에게 전화할게요'라는 뜻이에요. 미리 계획한 일이 아니라 즉흥적인 결심이나 약속을 표현할 때는 will을 사용합니다. 자신의 의지와 결심을 더 분명하게 전달할 수 있어요.

MP3 듣기

집중 훈련! 이렇게 표현해요

- **I'm gonna clean my room.**
  방을 청소할 거야.

- **I'm gonna leave early.**
  일찍 출발할 거야.

- **I'm gonna buy snacks.**
  간식을 살 거야.

- **I'm gonna take a walk.**
  산책할 거야.

  > 영어에서 take는 '가져가다'라는 뜻 외에 '시간을 내서 어떤 활동을 하다'라는 뜻으로도 자주 사용해요.

  walk (워어크) 산책

- **I'm gonna stay in tonight.**
  오늘 밤에는 집에 있을 거야.

  stay in (s떼이인) 집에 있다

소리내봅시다

I'm gonna call her later.

[aɪmˈɡʌnə]   [kɑːlə ˈleɪɾə]
암거너   커얼러r 레이러r

→ 이렇게 발음하면 안 돼요! [아임 고나 콜 허 레이러]
그녀에게 이따가 전화할 거야.

I'm은 기능어로 강조하지 않으므로 짧고 가볍게 [아임] 또는 빠르게 [암]으로 발음합니다. gonna의 g는 입 뒤쪽 천장에서 혀가 끈적이게 떨어지면서 [(윽)거너]로 발음하는데, go에만 강세를 주고 nna는 힘을 빼서 소리 내요. call은 [콜]이 아니라 턱을 길게 만들어 [커얼]처럼 소리 내고, 바로 이어서 기능어인 her의 h가 거의 들리지 않도록 [커얼러r]로 발음합니다. later의 t는 미국식 발음에서 혀가 굴러가는 소리, 즉 Flap T로 발음하기 때문에 [레이러]로 소리 내요. 끝의 r은 강세가 오는 음절이 아니므로 또렷하게 소리 내지 않아도 괜찮아요. 전체 문장에서 강세는 gonna와 call, later에 있어요. 3개의 단어만 또렷하게 발음하는 것이 원어민스럽게 소리 내는 핵심입니다.

해설 직강 듣기

I'll go with ~
~로 할게

A **I want an iced Americano. What about you?**
  난 아이스 아메리카노 마실래. 너는?

B **I'll go with an iced latte.**
  난 아이스 라테로 할게.

A **Okay. Do you want any dessert?**
  알았어. 디저트 먹을래?

B **No, I'm too full. Just the drink is fine.**
  아니, 너무 배불러. 음료만 마실게.

any (애니) 아무(것)　full (풀) 배부른　drink (쥬륑크) 음료

여러 선택지 중에서 하나를 고를 때 자연스럽게 쓰는 표현이에요. 음식 주문, 옷 고르기, 활동 선택 등 다양한 상황에서 사용하며, 일상 대화에서 부드럽고 캐주얼한 어감을 줘요. 여기에서 go는 '선택한 방향으로 가다'라는 뜻이에요. 따라서 I'll go with ~ 뒤에는 선택한 것, 즉 명사나 명사구를 붙여서 문장을 완성하면 됩니다.

유사 표현

- **Maybe I'll go with the steak.**
  '스테이크로 할게요'라는 의미예요. 아직 무엇을 선택할지 마음을 정하지 못했다면 패턴 앞에 Maybe를 붙여서 말해보세요. 다른 선택지도 열어놓은 상태라는 것을 알려주며, 고민하는 느낌을 표현할 수 있어요.

MP3 듣기

집중 훈련! 이렇게 표현해요

- **I'll go with the chicken salad.**
  닭고기 샐러드로 할게.

- **I'll go with the blue jacket.**
  파란 재킷으로 할게.

- **I'll go with the chef's recommendation.**
  셰프 추천으로 할게.

  recommendation (뤠끄멘데이션) 추천

- **I'll go with the morning flight.**
  아침 비행기로 할게.

  flight (f라잇) 비행

- **I'll go with a cup of tea.**
  차 한 잔으로 할게.

소리내봅시다

I'll go with the steak.

[aɪlgoʊ]   [wɪðə steɪk]
아일고우   윗더s떼익

→ 이렇게 발음하면 안 돼요! [아이윌 고 위드 더 스테이크]

스테이크로 할게.

해설 직강 듣기

I'll은 I will의 축약형으로 [아이윌]이 아니라 [아일] 혹은 [알]로 발음합니다. will의 w가 사라지고 'll만 남아서 혀 뒤쪽이 살짝 올라가는 Dark L 소리로 발음되죠. go는 이중모음으로 [고]가 아니라 [고우]처럼 길게 빼서 발음하는 것이 중요합니다. with the는 연음되어 with의 th와 the의 th가 합쳐져서 [윗더]로 발음하는데, 이때 th는 혀끝이 윗니와 아랫니 사이로 살짝 나오게 해요. steak은 내용어라서 강세를 줍니다. 미국식 발음에서는 s+t/k/p 조합인 경우 t/k/p를 살짝 된소리로 발음하는 습관이 있기 때문에 s를 또렷하게 발음한 후 teak를 [떼익]으로 발음합니다. 전체 문장에서 go와 steak에 강세가 있으므로 이 두 단어를 또렷하게 발음하고, 나머지 기능어들은 힘을 빼고 부드럽게 연결해서 발음해야 자연스러운 리듬을 만들 수 있어요.

복습하기 41~44

- I go to school by bus.
- I go to a cafe in the mornings.
- Let's go to the movies.
- Let's go to the library to study.
- The food went cold.
- Her hair went gray.
- The plan went wrong.
- My eyes went bad years ago.
- I'm gonna clean my room.
- I'm gonna leave early.
- I'm gonna take a walk.
- I'm gonna stay in tonight.
- I'll go with the chicken salad.
- I'll go with the chef's recommendation.
- I'll go with the morning flight.
- I'll go with a cup of tea.

- 나는 버스를 타고 학교에 다녀.
- 나는 아침에 카페에 가.
- 영화 보러 가자.
- 도서관에 가서 공부하자.
- 음식이 식었어.
- 그녀의 머리가 하얗게 변했어.
- 계획이 틀어졌어.
- 몇 년 전에 시력이 나빠졌어.
- 방을 청소할 거야.
- 일찍 출발할 거야.
- 산책할 거야.
- 오늘 밤에는 집에 있을 거야.
- 닭고기 샐러드로 할게.
- 셰프 추천으로 할게.
- 아침 비행기로 할게.
- 차 한 잔으로 할게.

상황에 맞춰 골라 쓰는
만능 의문사·조동사 패턴

이 단어만 잘 쓰면 뭐든
물어볼 수 있어요!

What

What은 활용도가 가장 높은 의문사예요. '무엇', '어떤'이라는 뜻 외에도 '~하면 어떨까?', '~ 왜 그래?'라는 말을 할 때도 사용합니다. 생각보다 쓰임이 다양한 What을 활용한 의문문 패턴을 알아봅시다.

45   What if ~?

46   What do you think about ~?

47   What's wrong with ~?

48   What happened to ~?

45

What if ~?
~하면 어떨까?

A I can't seem to stick to my workout routine.
운동 루틴을 계속 못 지키겠어.

B **What if** we exercise together?
같이 운동하면 어떨까?

A I think that would keep me motivated.
그러면 동기부여가 될 것 같아.

B Let's start with a morning jog tomorrow.
내일 아침 조깅부터 시작하자.

stick to (s띡트) 무언가를 계속 지키다 **workout** (워r까웃) 운동
motivated (모우리v에이딛) 동기부여가 되다

'~하면 어떨까요?'라는 의미로, 새로운 아이디어나 활동을 제시할 때 사용해요. 상대방에게 어떤 가능성을 열어주고 그에 대한 생각을 물어볼 때 적합한 질문이에요. 이 패턴은 일상 대화나 문제 해결 상황에서 자주 사용합니다. What if ~? 뒤에는 '주어＋동사'로 질문을 이어주면 돼요.

> 유사 표현

- Maybe you could start exercising.
  Maybe you could ~는 '~하는 게 어때요?'라는 의미로, '운동을 시작하는 게 어때요?'라는 뜻이에요. Maybe를 사용하면 상대방에게 부담을 주지 않고, 상황을 배려하면서 부드럽게 대안을 제시할 수 있어요.

MP3 듣기

집중 훈련! 이렇게 표현해요

- **What if** you learn to cook?
  요리를 배우면 어떨까?

- **What if** we get married?
  우리가 결혼하면 어떨까?

- **What if** you try a new hairstyle?
  새로운 머리 스타일을 하면 어떨까?

- **What if** I pick you up after work?
  내가 일 끝나고 널 데리러 가면 어떨까?

- **What if** we try a different approach?
  다른 방식을 시도해 보면 어떨까?

  different (디f어뤈트) 다른
  approach (어프로우치) 방식, 접근법

소리내봅시다

> **Wha**t if you **star**t **e**xercising?
>
> [wɑːt̬ɪf juː]   [stɑːrt ˈeksɚsaɪzɪŋ]
> 와리f유   s따아rㅌ 엑써r싸이z잉
>
> → 이렇게 발음하면 안 돼요! [왓 이프 유 스타트 엑서사이징?]
>
> 운동을 시작하면 어떨까?

What if는 의미상으로 중요한 표현이므로 강세를 주어 발음합니다. 빠르게 말하면 모음과 모음 사이의 t 소리가 약화되면서 [왓 이프]가 아니라 [와리f]처럼 자연스럽게 연결됩니다. you는 기능어이므로 강하게 발음하지 않고, if의 f와 연음되어 가볍게 [와리f유]로 소리 내요. start와 exercising은 내용어로 또렷하게 강세를 줍니다. start에서 's+t'는 t를 약간 된소리로 내기 때문에 [s따아]로 시작하고, ar은 턱을 길게 벌려 [s따아rㅌ]로 발음합니다. exercising에서 주의할 발음은 마지막 [z] 부분이에요. [z]는 혀끝이 입천장에 닿는 [ㅈ]이 아니라 핸드폰이 진동할 때 나는 소리처럼 [zing]으로 발음해야 합니다.

해설 직강 듣기

What do you think about ~?
~에 대해 어떻게 생각해?

A **Did you like the movie?**
영화 괜찮았어?

B **Yes! It was amazing!**
응! 정말 재밌었어!

A **What do you think about the plot twist at the end?**
마지막에 있던 반전에 대해 어떻게 생각해?

B **It made the movie more interesting.**
그것 때문에 영화가 더 재미있었던 것 같아.

plot twist (플라앗 트위s트) 반전   **interesting** (인츄뤠s띵) 재미있는, 흥미로운

 상대방의 의견이나 생각을 자연스럽게 물어볼 때 사용하는 표현이에요. 특히 특정 주제에 대한 대화를 시작할 때 많이 사용합니다. 일상, 비즈니스 등 다양한 상황에서도 매우 유용하게 사용되므로 꼭 익혀두세요. 이 패턴 뒤에는 주로 명사나 동명사가 옵니다.

유사 표현

- **What are your thoughts on this movie?**
  What are your thoughts on ~?은 '~에 대한 당신의 생각은 어떤가요?'라는 의미로, 격식 있고 공손한 느낌의 표현이에요. 공식적인 상황에서 특정 주제에 대한 깊이 있는 생각이나 분석을 요청할 때 사용해요.

MP3 듣기

집중 훈련! 이렇게 표현해요

- **What do you think about this idea?**
  이 아이디어에 대해 어떻게 생각해?

- **What do you think about having a pet?**
  반려동물을 키우는 것에 대해 어떻게 생각해?

  > '반려동물을 키우다'라고 할 때는 보통 have a pet이라고 써요. 여기에서 have는 '가지고 있다'라는 뜻이 아니라 '데리고 살면서 함께 지낸다'라는 포괄적인 의미로 쓰여요.

  pet (펫) 반려동물

- **What do you think about traveling alone?**
  혼자 여행하는 것에 대해 어떻게 생각해?

- **What do you think about the new policy?**
  새로운 정책에 대해 어떻게 생각해?

  policy (파알러씨) 정책

- **What do you think about my boyfriend?**
  내 남자 친구에 대해 어떻게 생각해?

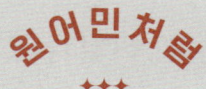

소리내봅시다

What do you **thi**nk about this m**o**vie?

[wɑːt də jə θɪŋk əˈbaʊt]   [ðɪs ˈmuːvi]
와르유 th잉꺼바웃   디s**무우**v이

→ 이렇게 발음하면 안 돼요! [왓 두 유 씽크 어바웃 디스 무비?]
이 영화에 대해 어떻게 생각해?

What do you는 자연스럽게 연결되면서 t와 d가 만나 t 소리가 약화되거나 생략되어 [왓두유]가 아니라 [와르유]로 발음합니다. 원어민이 빠르게 말할 경우 심지어 [와쥬]처럼 들리기도 하죠. think의 th

해설 직강 듣기

는 혀끝을 윗니와 아랫니 사이로 살짝 내밀었다가 바람을 빼면서 [θ] 소리를 정확히 내야 합니다. 바로 이어지는 about의 모음 [ə]와 만나 [θ잉꺼바웃]으로 이어주세요. this의 th 발음인 [ð]는 울림이 있는 유성음입니다. [ð]는 일반적으로 th를 발음할 때처럼 혀를 내밀지 않고 [d] 와 비슷하게 소리 내도 무방해요. movie의 강세가 오는 모음 [uː]는 굴절음이므로 [우]가 아니라 [우우]처럼 두 번째 [우]까지 여유롭게 소리 나도록 신경 씁니다.

47

What's wrong with ~?
~ 왜 그래?

A **What's wrong with** your voice?
목소리가 왜 그래?

B I caught a cold yesterday.
어제 감기에 걸렸어.

A Oh no, have you seen a doctor?
아이고, 병원은 가봤어?

B Not yet, but I'm taking some medicine.
아직, 그냥 약 먹고 있어.

caught a cold (커어러코울드) 감기에 걸렸다   **medicine** (메리쓴) 약

 '~에 무슨 문제가 있나요?' 또는 '~ 왜 그래요?'라는 뜻이에요. 특정 대상에 문제가 생겨 걱정될 때, 그 원인이나 상태에 대해 물어볼 때 사용해요. 패턴 뒤에는 주로 대명사나 명사가 옵니다. what's wrong에 강세를 주어 말하면 화를 내거나 냉소적으로 들릴 수 있으니 주의해야 해요.

유사 표현

- What's the matter with your arm?
- What's up with your arm?

What's the matter with ~?는 '~에 무슨 일이 있나요?'라는 의미로, 상대방의 상태나 기분을 걱정하며 물어볼 때 사용해요. 개인적인 관심을 표현할 때 적합하죠. What's up with ~?는 '~는 왜 그래요?'라는 뜻으로, 호기심을 가볍게 표현할 때 사용합니다.

MP3 듣기

집중 훈련! 이렇게 표현해요

- **What's wrong with him today?**
  쟤 오늘 왜 그래?

- **What's wrong with the car?**
  차 왜 그래?

  car (카아r) 자동차

- **What's wrong with the baby?**
  아기에게 무슨 문제가 있어?(아기 왜 그래?)

- **What's wrong with your back?**
  허리 왜 그래?

  > 우리말은 허리와 등을 구분해서 사용하지만, 영어에서는 두 부위를 통틀어 back이라고 쓰는 경우가 많아요. 특히 통증이나 상태를 이야기할 때 주로 사용해요.

  back (배애크) 허리

- **What's wrong with your phone?**
  네 핸드폰 왜 그래?

소리내봅시다

What's **wro**ng with your **ar**m?

[wɑːts rɔːŋ]　　　　　　　[wɪð jɚ ɑːrm]
왓ts(우)**뤄**엉　　　　　　위th여**아**아r口

→ 이렇게 발음하면 안 돼요! [왓츠 렁 위드 유어 암?]

팔 왜 그래?

What's wrong은 모두 내용어로, 원활한 소통을 위해 둘 다 잘 들리게 발음하는 게 좋습니다. 다만 영어 소리의 특성상 시작은 또렷하지만 포물선을 그리듯이 굴절하듯 소리 내면 영어 특유의 리듬이 생겨

해설 직강 듣기

요. 단, 두 단어를 너무 강하게 소리 내면 화를 내는 것처럼 들릴 수 있으니 주의해야 합니다. wrong의 모음 [ɔː]는 턱을 길게 내리고 입을 크게 벌려 [뤄엉]으로 발음해요. 기능어인 with your는 '자음+모음' 연음법칙이 일어나 [위th여] 또는 [위d여]처럼 이어서 발음해야 자연스러워요. arm의 [ɑːr]을 자연스럽게 소리 내려면 모음을 [아아]처럼 길게 소리 내고, [r]을 발음할 때 혀끝을 말지 않고 우리말 [꾸]를 소리 낼 때처럼 입술을 쭉 내밀고 혀 중간이 뒤로 당겨져 있어야 편하게 [ɑːr] 발음을 할 수 있습니다.

48

What happened to ~?
~에 무슨 일이 있었어?

A The office is so quiet today.
오늘 사무실이 엄청 조용하네요.

B It is. What happened to everyone?
그러게요. 다들 어떻게 된 거죠?

A There's a company workshop today.
오늘 회사 워크숍이 있잖아요.

B Oh right, I completely forgot!
아, 맞네요. 완전히 잊고 있었어요!

office (어어f이s) 사무실   company (컴쁘니) 회사   completely (컴플릿리) 완전히

상대방에게 특정 상황이나 사람에 대한 변화를 물어볼 때 사용합니다. 이 패턴은 상대방이 걱정될 때 또는 궁금할 때 등 다양한 상황에서 활용할 수 있어요. What happened to ~? 뒤에는 주로 대명사나 사람, 사물을 나타내는 명사가 옵니다.

> 유사 표현

- What's going on with John?
  What's going on with ~?는 '~는 어떻게 되고 있나요?'라는 의미로, 현재 진행 중인 상황이나 문제에 관해 물어볼 때 사용해요. 이미 발생한 문제나 변화를 물어볼 때는 What happened to ~?를, 현재 진행 중인 상황을 물어볼 때는 What's going on with ~?를 사용하면 됩니다.

MP3 듣기

집중 훈련! 이렇게 표현해요

- **What happened to her?**
  그녀에게 무슨 일이 있었어?

- **What happened to your hair?**
  머리 어떻게 된 거야?

- **What happened to the TV?**
  TV 왜 안 돼?(TV 어떻게 된 거야?)

- **What happened to your parents?**
  부모님께 무슨 일이 있었어?

  parents (패뤤ts) 부모님

- **What happened to the weather?**
  날씨 무슨 일이야?

  weather (웨th어r) 날씨

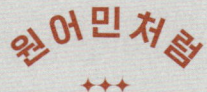

소리내봅시다

What happened to John?

[wɑːt ˈhæpən tə]   [dʒɑːn]
왓해애쁜트   좌안

→ 이렇게 발음하면 안 돼요! [왓 해픈드 투 존?]
존에게 무슨 일이 있었어?

What은 내용어이므로 강세를 주어 [왓]으로 발음해요. happened의 강세가 있는 모음 [æ]는 [애]가 아니라 [애애]처럼 길게 소리 내고, 강세 뒤에 오는 p는 [ㅍ]로 발음해도 되지만 힘을 빼고 [ㅃ]로 소리 내는 게 자연스러워요. 마지막 스펠링이 d로 끝나지만, 바로 뒤따라오는 to의 t와 만나면서 d가 약하게 발음되어 [해애픈트] 혹은 [해애쁜트]처럼 자연스럽게 연결됩니다. John은 강세를 또렷하게 줘야 하는 내용어로, [dʒ]는 입술을 살짝 내밀고 [(웃)좌안]으로 발음하면 자연스러워요.

해설 직강 듣기

복습하기

45~48

- What if you learn to cook?
- What if you try a new hairstyle?
- What if I pick you up after work?
- What if we try a different approach?
- What do you think about this idea?
- What do you think about having a pet?
- What do you think about traveling alone?
- What do you think about the new policy?
- What's wrong with the car?
- What's wrong with the baby?
- What's wrong with your back?
- What's wrong with your phone?
- What happened to her?
- What happened to your hair?
- What happened to your parents?
- What happened to the weather?

상황에 맞춰 골라 쓰는 만능 의문사·조동사 패턴

- ▶ 요리를 배우면 어떨까?
- ▶ 새로운 머리 스타일을 하면 어떨까?
- ▶ 내가 일 끝나고 널 데리러 가면 어떨까?
- ▶ 다른 방식을 시도해 보면 어떨까?
- ▶ 이 아이디어에 대해 어떻게 생각해?
- ▶ 반려동물을 키우는 것에 대해 어떻게 생각해?
- ▶ 혼자 여행하는 것에 대해 어떻게 생각해?
- ▶ 새로운 정책에 대해 어떻게 생각해?
- ▶ 차 왜 그래?
- ▶ 아기에게 무슨 문제가 있어?(아기 왜 그래?)
- ▶ 허리 왜 그래?
- ▶ 네 핸드폰 왜 그래?
- ▶ 그녀에게 무슨 일이 있었어?
- ▶ 머리 어떻게 된 거야?
- ▶ 부모님께 무슨 일이 있었어?
- ▶ 날씨 무슨 일이야?

When, Where

When은 '언제'를, Where은 '어디'를 물을 때 쓰는 의문사예요. 시간과 장소를 묻는 기본 문형뿐 아니라 '언제 ~할 계획인지', '가장 가까운 ~는 어디인지'를 묻는 응용 패턴도 많이 쓰여요. 원어민들이 자주 쓰는 응용 패턴은 무엇인지 알아볼까요?

49   When can you ~?
50   When do you plan to ~?
51   Where's the nearest ~?
52   Where can I find ~?

When can you ~?
언제 ~할 수 있어?

A **When can you** go shopping with me?
나랑 쇼핑하러 언제 갈 수 있어?

B **Maybe this weekend?**
이번 주말에 될 것 같아.

A **Great! Should we invite Emma, too?**
좋아! 엠마도 초대할까?

B **Sure, up to you!**
그래, 네 마음대로 해!

invite (인v아이트) 초대하다 **up to you** (업투유) 네가 선택해, 네 마음대로 해

상대방이 특정 작업이나 행동을 언제 할 수 있는지 물어보는 매우 기본적이고 실용적인 패턴이에요. 비즈니스 상황이나 일상에서 모두 사용 가능하며, 특히 약속을 잡거나 일정을 조율할 때 자주 사용돼요. 이 패턴 뒤에는 동사원형을 붙여주면 됩니다.

> 유사 표현

- What time can you meet me?
'몇 시에 만날 수 있나요?'라는 의미예요. 특정 작업이나 행동을 할 수 있는 구체적인 시간을 물어보고 싶다면 '몇 시에 ~할 수 있나요?'라는 뜻의 What time can you ~? 패턴을 사용해보세요.

MP3 듣기

집중 훈련! 이렇게 표현해요

- **When can you talk?**
  언제 얘기할 수 있어?

- **When can you start work?**
  언제 일을 시작할 수 있어?

- **When can you pick me up?**
  언제 나를 데리러 올 수 있어?

  pick up (피껍) 누군가를 데리러 가다

- **When can you come over?**
  우리 집에 언제 올 수 있어?

  come over (커모우v어r) 집에 놀러 오다

- **When can you book the tickets?**
  언제 표를 예매할 수 있어?

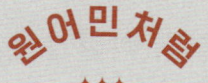

소리내봅시다

When can you **mee**t me?

[wen kənjuː]   [miːt mi]
웬 큰뉴   미잍미

→ 이렇게 발음하면 안 돼요! [웬 캔 유 미트 미?]
언제 나를 만날 수 있어?

이 문장에서 핵심 내용어는 When과 meet입니다. When은 시간 정보를 묻는 의문사이므로 또렷하게 강세를 줘야 해요. 반면 can은 기능어이기 때문에 약화되면서 [큰]처럼 짧고 가볍게 발음합니다. 그래서 [웬 캔]이 아니라 [웬큰]으로 소리 나죠. 이어지는 you는 문장 속에서 약화되고 앞의 can의 n과 부드럽게 연음되어 가볍게 [뉴]로 발음합니다. meet me를 살펴볼까요? meet의 자음 t와 m이 만나면서 [미트미]가 아니라 [미잍미]로 소리 냅니다. 내용어 When과 meet는 잘 들리도록 강세를 주고 나머지 단어들은 힘을 빼서 한 호흡으로 이어지도록 발음해보세요.

해설 직강 듣기

When do you plan to ~?
언제 ~할 계획이야?

A **I heard you're moving to a new apartment.**
새 아파트로 이사 간다고 들었어.

B **That's right. It's a big change for me.**
맞아, 나한테는 아주 큰 변화지.

A **When do you plan to move in?**
언제 이사 갈 계획이야?

B **At the beginning of next month.**
다음 달 초에.

change (췌인지) 변화　move in (무우v인) 이사를 가다　beginning (비기닝) 초반

상대방의 계획이나 의도를 구체적으로 묻고 싶을 때 사용하는 패턴으로 '언제 ~할 계획인가요?'라는 뜻입니다. 다양한 상황에서 업무, 학업, 여행 등에 대한 계획을 물어볼 때 아주 유용하게 사용할 수 있어요. to 뒤에는 동사원형을 붙여서 질문을 완성하면 됩니다.

유사 표현

- **When are you going to leave?**
  When are you going to ~?는 '언제 ~할 거예요?'라는 뜻으로, 일상적이고 가까운 미래의 행동을 물어보는 느낌이 강해요. plan to가 명확한 계획이나 의도를 물어본다면, going to는 단순히 앞으로 일어날 일을 물을 때 더 자주 사용해요.

MP3 듣기

집중 훈련! 이렇게 표현해요

- **When do you plan to have lunch?**
  점심 언제 먹을 계획이야?

  > have lunch는 '점심을 먹다'라는 아주 자연스러운 표현이에요. eat도 쓸 수 있지만, 원어민들은 식사 얘기를 할 때 보통 have를 더 많이 써요. have가 단순히 '먹는다'라는 뜻보다 '식사 시간을 갖는다/식사를 한다'라는 뉘앙스를 담고 있기 때문이죠.

- **When do you plan to take your vacation?**
  휴가 언제 갈 계획이야?

  take your vacation (테이꺼r v에이케이션) 휴가를 가다

- **When do you plan to get married?**
  결혼 언제 할 계획이야?

  get married (겟매애륃) 결혼하다

- **When do you plan to start your new job?**
  새 직장은 언제 시작할 계획이야?

- **When do you plan to buy a car?**
  차는 언제 살 계획이야?

소리내봅시다

When do you plan to leave?

[wen də juː]
웬드여

[plæn tə liːv]
플래앤 트 리이v

→ 이렇게 발음하면 안 돼요! [웬 두 유 플랜 투 리브?]

언제 출발할 계획이야?

When, plan, leave는 내용어로 강세를 줘야 해요. 우선 When은 시간 정보를 묻는 의문사이므로 또렷하게 발음합니다. 반면 기능어 do you는 강조되지 않아 약화되면서 [두유]가 아니라 부드럽고 빠르게 [드여]로 발음해요. plan의 [æ]는 턱을 조금 벌리고 혀를 앞쪽으로 밀어내면서 길게 [애애-]로 소리 냅니다. 이어지는 to는 기능어로 약화해 가볍게 [트]로 발음해요. leave는 내용어이므로 모음 [iː]을 [이이-]처럼 길게 소리 내면서 [리이v]로 발음해야 자연스럽습니다.

해설 직강 듣기

Where's the nearest ~?
가장 가까운 ~는 어디야?

A **We should take the subway.**
지하철 타고 가자.

B **Where's the nearest station?**
가장 가까운 역이 어디야?

> 처음 보는 사람에게 이 표현을 쓰면 다소 직설적으로 들릴 수 있으니 "Hi! Can I ask you a question?" 같은 간단한 인사를 먼저 하는 게 좋아요.

A **It's a five-minute walk from here.**
여기서 걸어서 5분 거리야.

B **Alright, lead the way.**
알겠어, 앞장서.

station (s떼이션) 역   **lead the way** (리잍더웨이) 앞장서다, 길을 안내하다

'가장 가까운 ~는 어디에 있나요?'라는 뜻으로, 특정 장소의 위치를 물어볼 때 사용해요. 이 패턴은 특히 여행 중이거나 낯선 곳에서 특정 장소를 찾을 때 매우 유용한 표현입니다. 이 패턴 뒤에는 장소나 시설을 나타내는 명사를 붙이면 돼요.

유사 표현

- Is there a bathroom nearby?
  Is there a ~ nearby?는 '근처에 ~가 있나요?'라는 의미로, 주변에 특정 시설이나 장소가 있는지 물어볼 때 사용해요. Where's the nearest ~?와 달리 특정 장소의 위치보다 존재 여부를 물어볼 때 사용합니다.

MP3 듣기

집중 훈련! 이렇게 표현해요

- **Where's the nearest coffee shop?**
  가장 가까운 카페가 어디야?

- **Where's the nearest convenience store?**
  가장 가까운 편의점이 어디야?

  convenience store (컨v이니은s또r) 편의점

- **Where's the nearest bus stop?**
  가장 가까운 버스 정류장이 어디야?

  bus stop (버s땁) 버스 정류장

- **Where's the nearest ATM?**
  가장 가까운 현금인출기가 어디야?

- **Where's the nearest pharmacy?**
  가장 가까운 약국이 어디야?

  pharmacy (f아아r머씨) 약국

소리내봅시다

Where's the **ne**arest **ba**throom?

[wers ðə]   [nɪrɪs(t) ˈbæθruːm]
웨어rs더   니어뤼s(트) 배애th룸

→ 이렇게 발음하면 안 돼요! [웨어 이스 더 니어레스트 배쓰룸?]
가장 가까운 화장실이 어디야?

Where's는 의문사이므로 또렷하게 발음하고, 이어지는 the는 기능어로 강하게 발음하지 않아 힘을 빼고 [더]와 [드] 사이 정도로 애매하게 소리 내요. nearest는 내용어이므로 n부터 또렷하게 소리 내야 합니다. nearest bathroom를 이어 말할 때 자음 '-st + b'가 보이나요? 이렇게 자음이 3개 이상 뭉쳐 있는 경우 빠르게 발음할 때 중간에 있는 t를 삭제하고 부드럽게 이어서 [니어뤼s배애-]처럼 소리 냅니다. bathroom에서 th는 윗니와 아랫니가 1cm 정도 벌어졌다고 생각하고 그 사이로 혀끝을 살짝 내밀었다가 공기를 내빼면서 [θ] 소리를 발음해요. 이때 [배쓰룸(basroom)]으로 발음하지 않도록 주의해요. 의문사가 있는 의문문은 마치 평서문처럼 끝을 내린다는 것을 기억하나요? 이제 전체 문장을 한 호흡으로 부드럽게 이어서 발음해봅시다.

해설 직강 듣기

Where can I find ~?

~가 어디에 있어?

A Where can I find a good place to study?

공부하기 좋은 곳이 어디 있을까?

B There's a quiet library downtown.

시내에 조용한 도서관이 있어.

A Great, thanks for the recommendation.

좋네, 추천해 줘서 고마워.

B Anytime.

천만에.

recommendation (뤠꼬멘데이션) 추천 **anytime** (에니타임) 천만에

 '~를 어디에서 찾을 수 있나요?'라는 뜻으로, 특정 물건이나 장소의 위치를 물어볼 때 매우 유용해요. 특히 처음 방문한 장소에서 목적지를 찾거나 물건을 구할 때 자주 사용됩니다. 이 패턴 뒤에는 찾고자 하는 물건이나 장소, 즉 명사를 붙이면 돼요.

유사 표현

- Do you know where I can find the elevator?
  Do you know where I can find ~?는 '~를 어디에서 찾을 수 있는지 아세요?'라는 뜻으로, 상대방에게 공손하고 간접적으로 질문할 때 사용해요. Do you know를 추가함으로써 상대방이 모를 수도 있다는 가능성을 열어두어 더 부드러운 뉘앙스가 돼요.

MP3 듣기

집중 훈련! 이렇게 표현해요

- **Where can I find a taxi stand?**
  택시 승강장이 어디에 있어?

  taxi stand (태액씨s떼엔드) 택시 승강장

- **Where can I find the dairy section?**
  유제품 코너가 어디에 있어?

  dairy (데뤼) 유제품

- **Where can I find the information?**
  그 정보 어디에서 찾을 수 있어?

- **Where can I find a parking lot?**
  주차장이 어디에 있어?

- **Where can I find an umbrella?**
  우산을 어디에서 구할 수 있어?

소리내봅시다

Where can I find the elevator?

[wer kənaɪ]
웨어r크나이

[faɪnði ˈeləveɪt̬ɚ]
f아인디 엘르v에이러r

→ 이렇게 발음하면 안 돼요! [웨어 캔 아이 파인드 더 엘리베이터?]
엘리베이터가 어디에 있어?

Where은 또렷하게, 이어지는 can I는 기능어로 약화해 [웨어r크나이]로 발음해요. find the에서는 d와 th를 발음할 때 혀의 위치가 매우 가깝기 때문에 소리가 연결되면서 [파인드디]가 아니라 [f아인디]로 소리 냅니다. 내용어인 elevator는 모음 소리로 시작하기 때문에 바로 앞에 있는 the는 [더]로 읽어도 되지만 [디]로 소리 내는 것을 추천해요. 강세는 1음절인, e에 또렷하게 주고 v는 윗니를 아랫입술에 살짝 대고 공기를 빼면서 [엘르v에이러r]처럼 발음하면 더 자연스럽습니다. 또 elevator의 t는 모음과 모음 사이에 위치하고 강세가 앞쪽에 있기 때문에 Flap T 소리로 굴려서 소리 내도 좋습니다.

해설 직강 듣기

복습하기 49~52

- When can you talk?
- When can you pick me up?
- When can you come over?
- When can you book the tickets?
- When do you plan to have lunch?
- When do you plan to take your vacation?
- When do you plan to start your new job?
- When do you plan to buy a car?
- Where's the nearest coffee shop?
- Where's the nearest bus stop?
- Where's the nearest ATM?
- Where's the nearest pharmacy?
- Where can I find a taxi stand?
- Where can I find the information?
- Where can I find a parking lot?
- Where can I find an umbrella?

- ▶ 언제 얘기할 수 있어?
- ▶ 언제 나를 데리러 올 수 있어?
- ▶ 우리 집에 언제 올 수 있어?
- ▶ 언제 표를 예매할 수 있어?
- ▶ 점심 언제 먹을 계획이야?
- ▶ 휴가 언제 갈 계획이야?
- ▶ 새 직장은 언제 시작할 계획이야?
- ▶ 차는 언제 살 계획이야?
- ▶ 가장 가까운 카페가 어디야?
- ▶ 가장 가까운 버스 정류장이 어디야?
- ▶ 가장 가까운 현금인출기가 어디야?
- ▶ 가장 가까운 약국이 어디야?
- ▶ 택시 승강장이 어디에 있어?
- ▶ 그 정보 어디에서 찾을 수 있어?
- ▶ 주차장이 어디에 있어?
- ▶ 우산을 어디에서 구할 수 있어?

Why

♦

Why는 '왜'를 물어보는 의문사로, 상대방의 의도가 무엇인지 이유나 목적을 묻고 싶을 때 사용해요. 부정어를 붙이면 '~하는 게 어때?'처럼 상대방에게 제안하는 표현도 가능합니다. 어떻게 쓰는지 다양한 예문을 살펴볼까요?

53 Why not ~?
54 Why don't you ~?
55 Why do you ~?
56 Why bother ~?

53

Why not ~?
~하는 게 어때?

A **I've been feeling overwhelmed lately.**
나 요즘 좀 버거워.

B **That's not good. Why not try meditation?**
그러면 안 되는데. 명상을 한번 해보는 게 어때?

A **I've never done it before.**
한 번도 해본 적 없는데.

B **It's easy, and it really helps you relax.**
쉬워, 그리고 진짜 마음이 편해져.

overwhelmed (오우v어r웨엄드) 버겁다, 힘들다   meditation (메디테이션) 명상

상대방에게 무언가를 제안하거나 권유할 때 사용하는 표현이에요. 특히 상대방이 미처 생각하지 못한 선택지를 제안할 때 많이 쓰죠. 이 패턴은 가볍고 긍정적인 느낌이 있어서 편안한 상황에서 친구나 동료에게 자주 사용합니다. Why not ~? 뒤에는 주로 동사원형이 와요.

> 유사 표현

- **Wouldn't it be better to give it a try?**
  Wouldn't it be better to ~?는 '~하는 게 낫지 않을까요?'라는 뜻으로, '한번 시도해 보는 게 더 낫지 않을까요?'라는 의미예요. 공식적인 상황에서 상대방에게 신중하고 조심스럽게 제안할 때 사용해요.

MP3 듣기

집중 훈련! 이렇게 표현해요

- **Why not go for a drive?**
  드라이브하러 가는 게 어때?

  > 영어에서 drive는 '차를 운전하다'라는 뜻이에요. 그런데 한국어의 '드라이브하다'처럼 '차를 타고 나가서 바람을 쐬다/즐기다'라는 의미로 말하려면 꼭 go for a drive로 써야 합니다.

- **Why not invite him too?**
  그도 초대하는 게 어때?

  invite (인v아잇) 초대하다

- **Why not go to bed early?**
  일찍 자는 게 어때?

  go to bed (고우루벧) 자다

- **Why not buy it online?**
  온라인으로 사는 게 어때?

- **Why not visit your parents this weekend?**
  이번 주말에 부모님을 뵈러 가는 게 어때?

소리내봅시다

Why not give it a try?

[waɪ nɑːt]
와이나앗

[gɪvɪt̬ə traɪ]
기v이러츄라이

→ 이렇게 발음하면 안 돼요! [와이 낫 기브 잇 어 트라이?]

한번 시도해보는 게 어때?

Why not은 의미상 중요한 표현이므로 또렷하게 소리 냅니다. not의 모음 [ɑː]는 턱을 길게 벌려 [나앗]처럼 소리를 내요. 이어지는 give도 내용어이기 때문에 [gi] 부분을 또렷하게 발음해요. give it a는 계속 '자음+모음'으로 연음되기 때문에 쭉 이어서 [기v이러]로 소리 냅니다. 단 [v]는 꼭 먼저 윗니를 아랫입술에 닿게 한 후 그 사이로 바람이 느껴지도록 합니다. 또 it a에서 t가 약화되기 때문에 [기v 잇 어]가 아니라 [기v이러]처럼 부드럽게 연결합니다. try의 tr은 [트r]보다 [츄]로, 그래서 [츄라이]로 소리 내면 원어민 발음처럼 자연스러워요.

해설 직강 듣기

Why don't you ~?
~하는 게 어때?

A I feel a bit under the weather.

몸이 좀 안 좋네.

B Oh, no. **Why don't you** rest for today?

어떡해. 오늘 하루 쉬는 게 어때?

A Yeah, I probably should.

응, 그래야겠어.

B I hope you feel better soon.

빨리 나아지길 바랄게.

under the weather (언더더웨더) 몸/컨디션이 안 좋다   probably (프라버블리) 아마

'~하는 게 어때요?'라는 의미로 상대방에게 제안이나 권유 또는 조언할 때 사용해요. 친근하고 부드러운 뉘앙스를 가진 패턴이라 다양한 상황에서 친구나 동료에게 주로 사용합니다. 이 패턴 뒤에는 동사원형을 붙여서 질문을 완성하면 돼요.

유사 표현

- Maybe you should take a break.
  '잠시 쉬는 게 좋을 것 같아요'라고 해석해요. 편안한 상황에서 조언할 때는 Why don't you ~?를, 상대방에게 조심스럽게 의견이나 조언을 할 때는 Maybe you should ~를 사용하는 게 좋아요.

MP3 듣기

집중 훈련! 이렇게 표현해요

- **Why don't you try this dish?**
  이 요리를 먹어보는 게 어때?

  dish (디sh) 요리

- **Why don't you ask for help?**
  도움을 요청하는 게 어때?

  > 영어에서는 '도움을 요청하다'를 표현할 때 ask help로 쓰지 않아요. ask for help라고 하죠. 전치사 for가 꼭 필요하다는 것을 기억하세요.

- **Why don't you read a book?**
  책을 읽는 게 어때?

- **Why don't you call her first?**
  그녀에게 먼저 전화해보는 게 어때?

- **Why don't you think it over?**
  다시 한번 생각해보는 게 어때?

  think it over (th잉끼로우v어r) 다시 생각해보다

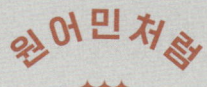

소리내봅시다

> # Why don't you take a break?
>
> [waɪ doʊntʃuː]　　　　[teɪkə breɪk]
> 와이로운츄　　　　　　테이꺼ㅂ뤠익
>
> → 이렇게 발음하면 안 돼요! [와이 돈트 유 테이크 어 브레이크?]
> 잠깐 쉬는 게 어때?

이 문장에는 연음이 참 많아요. Why don't가 [와이로운]으로 소리 나는 이유는 d가 모음과 모음 사이에 있어 Flap T/D로 발음되기 때문이에요. 또 don't you의 t와 you가 만나 [도운트 유]가 아니라 [도운츄]로 발음해야 해요. 따라서 Why don't you를 이어서 말하면 [와이로운츄]로 소리가 나지요. take a는 k와 모음 a가 연결되면서 a가 약화되어 [테이크 어]가 아니라 [테이꺼]로 발음합니다. break는 내용어로, [b] 소리를 또렷하게 내되 [브]가 아니라 자음 [ㅂ]만 살짝 소리 내어 [ㅂ뤠익]으로 발음해야 자연스러워요. 이제 전체 문장을 한 호흡으로 부드럽게 이어서 발음해보세요.

해설 직강 듣기

Why do you ~?
넌 왜 ~해?

A **Why do you** hate mushrooms?
넌 왜 버섯을 안 좋아해?

B I don't like the texture.
식감이 별로야.

A But they're so good in pasta!
파스타에 들어가면 진짜 맛있어!

B Nope, I'm still not eating them.
아니, 그래도 안 먹을래.

mushrooms (머sh루움s) 버섯   texture (텍s쳐r) 식감, 질감

 활용도가 아주 높은 패턴으로 상대방의 현재 행동이나 습관, 취향에 대한 이유를 물어볼 때 사용해요. 과거의 특정 행동이나 결정에 대한 이유를 물어볼 때는 do의 과거형 did를 사용해 Why did you ~?로 표현합니다. 이미 일어난 일에 대해 궁금할 때 사용하지요. 두 패턴 모두 뒤에 동사원형을 붙여주면 됩니다.

유사 표현

- What made you study English?
What made you ~?는 '어떻게 ~하게 되었나요?'라는 뜻으로, 상대방의 행동이나 결정에 영향을 준 요인이나 동기를 물어볼 때 사용해요. 부드러운 뉘앙스를 풍겨 더 깊은 대화를 나눌 때 적합한 패턴입니다.

MP3 듣기

집중 훈련! 이렇게 표현해요

- **Why do you** like this song?
  넌 왜 이 노래를 좋아해?

- **Why do you** drink so much coffee?
  넌 왜 커피를 그렇게 많이 마셔?

  > much는 셀 수 없는 명사와 함께 써요. coffee를 한 잔, 두 잔처럼 세려면 a cup of coffee라고 해야 하죠. 그냥 coffee라고 하면 셀 수 없는 명사이므로 so much coffee라고 써야 합니다.

- **Why do you** keep looking at your phone?
  넌 왜 핸드폰을 계속 봐?

  keep (키입) ~를 계속하다

- **Why did you** skip breakfast?
  넌 왜 아침을 안 먹었어?

  skip (s킵) 거르다

- **Why did you** leave the party early?
  넌 왜 파티에서 일찍 떠났어?

  leave (리이v) 떠나다

소리내봅시다

Why do you study English?

[waɪ də juː]
와이드유

[ˈstʌdi ˈɪŋglɪʃ]
s떠디 잉글리sh

→ 이렇게 발음하면 안 돼요! [와이 두 유 스터디 잉글리쉬?]

넌 왜 영어를 배워?

Why는 의문사로 문장에서 중요한 의미를 전달해요. 또렷하게 발음해야겠죠? do you는 기능어로, 강하게 발음하지 않기 때문에 Why do you를 빠르게 말하면 [와이 두 유]가 아니라 [와이드유] 또는 Flap T/D 소리를 살려 [와이르유]로 부드럽게 발음합니다. study는 's+t'의 t를 살짝 된소리로 내고 모음 [ʌ]는 빠르고 짧게 소리 냅니다. 하지만 내용어이므로 강세가 오는 stu 부분을 매우 또렷하게 [s떠디] 혹은 d를 Flap 시켜 [s떠리]로 발음해요. English도 내용어예요. [ɪŋ]에 강세가 오기 때문에 혀 뒷부분을 살짝 들어 올려 또렷하게 [이잉-]으로, sh는 입술을 약간 내밀어서 부드럽게 [잉글리sh]처럼 발음하면 자연스럽습니다.

해설 직강 듣기

Why bother ~?
굳이 ~할 필요가 있어?

A **We should leave early to find parking.**
주차할 곳 찾으려면 일찍 출발해야 해.

B **Why bother driving? The subway is faster during rush hour.**
굳이 차를 타고 갈 필요가 있어? 출퇴근 시간엔 지하철이 더 빠른데.

A **That's a good point.**
그러네, 좋은 지적이야.

B **We won't have to worry about parking fees.**
주차비 걱정할 필요도 없어.

rush hour (뤄sh아워r) 출퇴근 시간   a good point (어 그읃 포인트) 좋은 지적

상대방의 행동이나 결정에 대해 의문이 들거나 불필요하다고 생각할 때 쓰는 표현이에요. 다소 부정적인 뉘앙스를 가지고 있죠. 이 패턴은 비즈니스나 공식적인 상황에서는 무례하게 들릴 수 있어 친구나 가까운 사이에서 캐주얼하게 사용해요. Why bother ~? 다음에는 동명사가 옵니다.

유사 표현

- **What's the point of complaining?**
'굳이 불평할 필요가 있어요?'라는 뜻이에요. What's the point of ~? 는 '~하는 게 무슨 의미가 있나요?'라는 의미로, 어떤 행동의 목적에 의문을 제기할 때 사용해요. Why bother ~?보다 더 중립적인 느낌이에요.

MP3 듣기

집중 훈련! 이렇게 표현해요

- **Why bother arguing?**
  굳이 말싸움할 필요가 있어?

  arguing (아r규잉) 말싸움하다

- **Why bother dressing up?**
  굳이 차려입을 필요가 있어?

  dressing up (쥬뤠씽업) 차려입다

- **Why bother making the bed?**
  굳이 이불을 정리할 필요가 있어?

  making the bed (메이킹더벧) 이불을 정리하다

- **Why bother buying expensive clothes?**
  굳이 비싼 옷을 살 필요가 있어?

- **Why bother exercising if you hate it?**
  싫어하는데 굳이 운동할 필요가 있어?

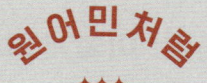

소리내봅시다

> # Why bother complaining?
>
> [waɪ ˈbɑːðɚ]　　　　　[kəmˈpleɪnɪŋ]
> 와이바아더r　　　　　 큼플레이닝
>
> → 이렇게 발음하면 안 돼요! [와이 버더 컴플레이닝?]
> 굳이 불평할 필요가 있어?

이 문장은 모든 단어가 내용어입니다. 따라서 단어마다 강세를 매우 또렷하게 줘야 해요. bother의 강세 모음인 [bɑː]는 턱을 길게 벌려 소리 내고, th는 혀끝을 윗니와 아랫니 사이로 살짝 내밀었다가 공기를 빼면서 성대에 울림이 살짝 느껴지도록 소리 냅니다. complaining의 강세는 2음절에 있어요. com은 짧고 약하게 소리 내고, pl에서 p는 입술을 꾹 다물었다가 터트려요. l은 혀끝으로 윗니를 꾹 눌렀다가 떨어뜨리며 [큼플레이닝]으로 부드럽게 연결합니다.

해설 직강 듣기

복습하기 53~56

- Why not go for a drive?
- Why not invite him too?
- Why not go to bed early?
- Why not visit your parents this weekend?
- Why don't you try this dish?
- Why don't you ask for help?
- Why don't you call her first?
- Why don't you think it over?
- Why do you like this song?
- Why do you drink so much coffee?
- Why did you skip breakfast?
- Why did you leave the party early?
- Why bother dressing up?
- Why bother making the bed?
- Why bother buying expensive clothes?
- Why bother exercising if you hate it?

- ▸ 드라이브하러 가는 게 어때?
- ▸ 그도 초대하는 게 어때?
- ▸ 일찍 자는 게 어때?
- ▸ 이번 주말에 부모님을 뵈러 가는 게 어때?
- ▸ 이 요리를 먹어보는 게 어때?
- ▸ 도움을 요청하는 게 어때?
- ▸ 그녀에게 먼저 전화해보는 게 어때?
- ▸ 다시 한번 생각해보는 게 어때?
- ▸ 넌 왜 이 노래를 좋아해?
- ▸ 넌 왜 커피를 그렇게 많이 마셔?
- ▸ 넌 왜 아침을 안 먹었어?
- ▸ 넌 왜 파티에서 일찍 떠났어?
- ▸ 굳이 차려입을 필요가 있어?
- ▸ 굳이 이불을 정리할 필요가 있어?
- ▸ 굳이 비싼 옷을 살 필요가 있어?
- ▸ 싫어하는데 굳이 운동할 필요가 있어?

How

How는 '어떻게', '얼마나'라는 의미를 지닌 의문사예요. 주로 방법이나 정도를 물을 때 사용하죠. '~는 어때요?'라는 제안의 표현을 할 때도 자주 활용됩니다. 뒤에 오는 단어나 문맥에 따라 다양한 의미로 사용되기 때문에 패턴으로 익혀두는 게 좋아요.

57 How come ~?
58 How do you know ~?
59 How do you feel about ~?
60 How long does it take to ~?

How come ~?
왜 ~해?

A **Are you upset with Sarah?**
너 사라한테 화났어?

B **How come you think that?**
왜 그렇게 생각해?

A **You've been avoiding her all week.**
이번 주 내내 사라를 피하고 있잖아.

B **It's nothing. We just had a small misunderstanding.**
별거 아니야. 그냥 작은 오해가 있었을 뿐이야.

avoiding (어v오이딩) 피하고 있다   misunderstanding (미s언더rs때앤딩) 오해

'왜 ~한가요?'라는 의미로, 상대방에게 어떤 일의 이유나 원인을 물어볼 때 사용해요. 아주 친근하고 캐주얼한 표현이기 때문에 일상에서 자연스럽게 궁금증을 물을 때 매우 유용합니다. How come ~? 뒤에는 '주어+동사'로 이루어진 문장을 붙이면 돼요.

유사 표현

- How is it that you're late?
  How is it that ~?은 '어떻게 ~할 수 있죠?'라는 뜻이에요. 놀랍거나 이해하기 어려운 상황에 대해 질문할 때 적합한 표현입니다. 친구나 가족과의 일상 대화에서는 How come ~?을, 깊이 있는 대화나 공식적인 상황에서는 How is it that ~?을 사용하는 게 좋아요.

MP3 듣기

집중 훈련! 이렇게 표현해요

- **How come you don't like chocolate?**
  왜 초콜릿을 안 좋아해?

- **How come you work so much?**
  왜 이렇게 일을 많이 해?

- **How come you wake up early?**
  왜 일찍 일어나?

  wake up (웨이껍) 일어나다   early (어어r을리) 일찍

- **How come you changed your mind?**
  왜 마음이 바뀌었어?

  > 영어에서 mind는 단순히 두뇌의 '생각'만 뜻하지 않아요. 사람이 가진 결정, 의지, 태도, 마음 상태까지 넓게 포함해요.

- **How come you didn't call me?**
  왜 전화를 안 했어?

소리내봅시다

How come you're late?

[haʊ kʌm]　　　　[jɚ leɪt]
하우컴　　　　　　여r레잇

→ 이렇게 발음하면 안 돼요! [하우 컴 유어 레이트?]
왜 늦었어?

How come은 의문사 역할로 의미상 중요하기 때문에 또렷하게 소리 내야 해요. 단 How보다 come에 조금 더 힘을 실어 소리 냅니다. you're는 기능어이므로 문장 속에서 약화해 [유어]보다 [여r]처럼 가볍게 발음합니다. late은 내용어로 l 소리는 윗니 뒤쪽을 꾸욱 눌러내며 또렷하게, 모음 a는 이중모음 [eɪ]로 여유있게 소리 내요. 그래서 [레잇]처럼 또렷하게 발음해야 하죠. 이제 전체 문장을 한 호흡으로 부드럽게 이어서 발음해보세요.

해설 직강 듣기

How do you know ~?
~를 어떻게 알아?

A **Lisa and Mark are going out.**
리사랑 마크가 사귄대.

B **How do you know** **they're going out? Did they tell you?**
걔네가 사귀는지 어떻게 알아? 걔네가 말해줬어?

A **No, but I saw them holding hands.**
아니, 근데 손잡고 다니는 거 봤어.

B **Wow, I didn't expect that!**
와, 전혀 예상을 못 했는데!

going out (고우잉 아웃) 사귀고 있다 **expect** (엑s빽ㅌ) 예상하다

상대방의 정보 출처나 배경지식을 자연스럽게 물어볼 때 매우 유용한 표현이에요. 단, 상대방의 말을 의심하는 뉘앙스로 받아들여질 수 있으니 주의해서 사용해야 합니다. How do you know ~? 뒤에는 명사나 '주어+동사'를 붙여 질문을 완성하면 됩니다.

> 유사 표현

- **Who told you he's coming?**
  Who told you ~?는 '~를 누가 말해줬나요?'라는 뜻이에요. 상대방이 아는 정보를 누군가에게서 들은 거라 가정하고, 그 사람이 누구인지 직접적으로 물어볼 때 사용합니다. 반면 How do you know ~?는 정보를 얻은 다양한 방법(보거나 듣거나 추측하거나 등)에 초점을 맞춰요.

MP3 듣기

집중 훈련! 이렇게 표현해요

- **How do you know I love sweets?**
  내가 단 거 좋아하는지 어떻게 알아?

  sweets (s위잇ts) 단 거, 사탕

- **How do you know my phone number?**
  내 번호를 어떻게 알아?

  phone number (f오우넘버r) 전화번호

- **How do you know she likes you?**
  그녀가 너를 좋아하는지 어떻게 알아?

- **How do you know he's busy?**
  그가 바쁜지 어떻게 알아?

- **How do you know I'm joking?**
  내가 농담하는 건지 어떻게 알아?

소리내봅시다

How do you know he's coming?

[haʊ də juː]
하우르유

[noʊ]
노우

[hiːz ˈkʌmɪŋ]
히s커밍

→ 이렇게 발음하면 안 돼요! [하우 두 유 노 히즈 커밍?]

그가 오는지 어떻게 알아?

How do you는 빠르게 말하면 d가 모음과 모음 사이에서 부드럽게 연음되어 [하우두유]가 아니라 [하우르유]로 소리 납니다. know는 내용어로, k는 묵음이 되어 n을 또렷하게 [(은)노우]처럼 시동을 걸어 발음해요. 여기에서 주의할 것은 이중모음인 [oʊ]인데요, 두 번째 소리인 [우]의 존재감이 느껴지도록 입술을 둥글게 모아 길게 소리 내면서 [노우]로 발음합니다. he's는 기능어이므로 빠르게 말하면 h 소리가 약화되거나 탈락될 수 있고, coming의 자음 [k] 앞에 있는 [z] 역시 약화되어 [노우히z]보다 [노우히s]처럼 발음됩니다. coming은 내용어로, [k]는 매우 또렷하게 소리 내고, [ʌ]는 짧게 발음합니다. 의문사로 시작하는 의문문의 특성상 문장의 끝소리는 올리지 않고 평서문처럼 내려서 말해야 하는 것을 잊지 마세요.

해설 직강 듣기

How do you feel about ~?
~는 어때?/~에 대해 어떻게 생각해?

A **We should plan a weekend getaway.**
주말에 짧게 여행 다녀오자.

B **How do you feel about going to the mountains?**
산으로 가는 건 어때?

A **Sounds like a plan!**
좋은 생각이야!

B **Great, I'll check for places to stay.**
좋아, 내가 숙소 알아볼게.

weekend getaway (위껜 게러웨이) 짧은 주말여행
sounds like a plan (싸운z 라이꺼 플래앤) 좋은 생각이야

'~는 어때요?' 또는 '~에 대해 어떻게 생각해요?'라는 뜻이에요. '느끼다'라는 뜻의 feel이 들어가서 상대방의 생각뿐 아니라 감정이 어떤지 물어볼 때 사용해요. 부드러운 뉘앙스를 가진 패턴이라 다양한 상황에서 활용할 수 있어요. 이 패턴 뒤에는 주로 명사나 동명사가 옵니다.

유사 표현

- How do you like the new job?
  How do you like ~?는 '~는 어때요?' 또는 '~는 마음에 들어요?'라는 뜻입니다. 주로 긍정적인 반응을 기대하며 묻는 질문으로, 만족도나 선호도에 초점이 맞혀져 있어요.

MP3 듣기

집중 훈련! 이렇게 표현해요

- **How do you feel about social media?**
  SNS에 대해 어떻게 생각해?

  > SNS는 'Social Networking Service'의 줄임말이에요. 하지만 원어민들은 일상에서 SNS라고 말하지 않고, 그냥 social media라고 씁니다. 원어민은 SNS라고 하면 잘 못 알아들을 수 있어요.

  social media (쏘우셜 미디어) SNS

- **How do you feel about studying abroad?**
  유학에 대해 어떻게 생각해?

- **How do you feel about working overtime?**
  야근하는 것에 대해 어떻게 생각해?

  working overtime (월낑 오우v어r타임) 야근하다

- **How do you feel about meeting at three?**
  3시에 만나는 거 어때?

- **How do you feel about pizza for dinner?**
  저녁으로 피자 어때?

소리내봅시다

How do you fee**l** about the ne**w jo**b?

[haʊ də jə]
하우르유

[fiːləˈbaʊt]
f이일러바웃

[ðə nuː dʒɑːb]
더뉴우좌압

→ 이렇게 발음하면 안 돼요! [하우 두 유 필 어바웃 더 뉴 잡?]

새 직장은 어때?

How do you에서 do의 d는 모음과 모음 사이에 위치해 있어 Flap T/D로 발음되어 [하우르유] 또는 [하우드유]로 부드럽게 연결해서 발음해요. feel의 [iː]는 빠르게 소리 내면 fill처럼 들릴 수 있기 때문에 입술을 양옆으로 쫙 벌려 [f이이을]처럼 소리를 길게 늘여 발음하는 게 좋아요. feel about은 '자음+모음' 연음법칙이 일어나 가볍게 [러바웃]으로 이어서 소리 내요. 내용어인 new는 n 소리를 또렷하게 내서 [뉴우]로, job의 [dʒ]는 입술을 살짝 내밀어 [좌압]으로 발음합니다.

해설 직강 듣기

260　　PART 3

How long does it take to ~?
~하는 데 얼마나 걸려?

A I'm trying out a new pasta recipe tonight.
오늘 저녁에 새로운 파스타 레시피를 시도해볼 거야.

B How long does it take to make it?
그거 만드는 데 얼마나 걸려?

A It should take about 45 minutes, give or take.
대략 45분 걸릴 거야.

B Let me know if you need any help.
도움이 필요하면 말해.

trying out (츄라잉 아웃) 시도하다 **give or take** (기v어r테익) 대략적으로

특정한 일이나 행동을 하는 데 소요되는 시간을 물어볼 때 사용해요. 여기에서 take는 '시간이 걸리다'라는 뜻으로 쓰였어요. 이 패턴 뒤에는 시간이 걸리는 행동을 나타내는 동사원형이 옵니다. 일상부터 비즈니스 상황까지 폭넓게 사용할 수 있는 유용한 표현이므로 꼭 기억해두세요.

유사 표현

- How much time does it take to get there?
  How much time does it take to ~?는 '~하는 데 시간이 얼마나 걸려요?'라는 뜻으로, 구체적인 시간을 알고 싶을 때 사용하는 패턴이에요. 주로 시간을 중요시하는 업무 환경이나 공식적인 상황에서 사용해요.

MP3 듣기

집중 훈련! 이렇게 표현해요

- **How long does it take to get ready?**
  준비하는 데 얼마나 걸려?

  get ready (겟뤠디) 준비하다

- **How long does it take to make breakfast?**
  아침을 만드는 데 얼마나 걸려?

- **How long does it take to drive to work?**
  회사까지 운전해서 가는 데 얼마나 걸려?

- **How long does it take to get a passport?**
  여권을 만드는 데 얼마나 걸려?

  > get a passport는 '여권을 받다/발급받다'라는 뜻이에요. 한국어에서는 '여권을 만든다'라고 말하기 때문에 make a passport라고 쓸 수 있는데, 이럴 경우 영어에서는 직접 공장에서 여권을 제작한다는 의미가 돼요.

- **How long does it take to learn a new language?**
  새로운 언어를 배우는 데 얼마나 걸려?

  language (래앵ˇ구위ㅈ) 언어

소리내봅시다

How **lo**ng does it **ta**ke to **ge**t there?

[haʊ lɔːŋ]
하우러엉

[dəz ɪt teɪk]
더z잇테익

[tə get ðer]
트겟데어r

→ 이렇게 발음하면 안 돼요! [하우 롱 더즈 잇 테이크 투 겟 데어?]
거기까지 가는 데 얼마나 걸려?

문장이 조금 길죠? 이런 경우 to 부정사를 기준으로 덩어리로 소리 내면 훨씬 수월합니다. 이 문장에서 핵심 내용어는 How long, take, get이에요. How는 의문사이므로 또렷하게 발음하는데, [h]의 바람 소리를 살려 [하우]로 소리 냅니다. long은 [렁]이 아니라 L 소리를 또렷하게, 그리고 모음 [ɔː]는 턱을 충분히 내리고 길게 소리 내 [(을)러엉]으로 발음합니다. does it은 기능어이므로 약화되어 빠르게 말할 때 [z]와 it이 연결되면서 [더즈 잇]이 아니라 [dz잇]으로 부드럽게 발음해요. 크게 보면 How long does it take까지 한 덩어리, 그리고 to get there이 한 덩어리입니다. to는 기능어이므로 약화되어 [투]가 아니라 짧고 가볍게 [트]로, get there에서는 t와 th가 만나면서 [게트데어]가 아니라 [겟데어r]로 발음해요. 문장의 맨 마지막에 오는 here나 there은 보통 강세를 주지 않고 발음하는 특징이 있어요. 꼭 참고하세요.

해설 직강 듣기

복습하기 57~60

- How come you don't like chocolate?
- How come you work so much?
- How come you changed your mind?
- How come you didn't call me?
- How do you know I love sweets?
- How do you know my phone number?
- How do you know she likes you?
- How do you know he's busy?
- How do you feel about social media?
- How do you feel about working overtime?
- How do you feel about meeting at three?
- How do you feel about pizza for dinner?
- How long does it take to make breakfast?
- How long does it take to drive to work?
- How long does it take to get a passport?
- How long does it take to learn a new language?

- 왜 초콜릿을 안 좋아해?
- 왜 이렇게 일을 많이 해?
- 왜 마음이 바뀌었어?
- 왜 전화를 안 했어?
- 내가 단 거 좋아하는지 어떻게 알아?
- 내 번호를 어떻게 알아?
- 그녀가 너를 좋아하는지 어떻게 알아?
- 그가 바쁜지 어떻게 알아?
- SNS에 대해 어떻게 생각해?
- 야근하는 것에 대해 어떻게 생각해?
- 3시에 만나는 거 어때?
- 저녁으로 피자 어때?
- 아침을 만드는 데 얼마나 걸려?
- 회사까지 운전해서 가는 데 얼마나 걸려?
- 여권을 만드는 데 얼마나 걸려?
- 새로운 언어를 배우는 데 얼마나 걸려?

Could, Would

◆

물어볼 때 꼭 의문사를 써야 하는 건 아니에요. Could, Would와 같은 조동사를 사용하면 훨씬 예의 있고 정중한 표현의 질문을 할 수 있어요. 다양한 예문을 통해 의문사와 조동사의 미묘한 어감 차이를 느껴보고 일상생활에 활용해보세요.

61 Could I ~?
62 Would you like to ~?
63 Would it be possible to ~?
64 Would you be okay with ~?

Could I ~?
~해도 될까요?

A **Could I** open the window?
창문 좀 열어도 될까요?

B It's a bit stuffy in here, isn't it?
공기가 좀 답답하긴 해요. 그렇죠?

A Yeah, some fresh air would be nice.
네, 환기하면 좋을 것 같아요.

B Okay, I don't mind.
그래요, 난 상관없어요.

stuffy (s떠fi) (환기가 안 되어) 답답한　**I don't mind** (아이론마인드) 상관없어, 괜찮아

Could는 can의 과거형이지만, 여기에서는 더 공손하고 예의 바른 요청을 할 때 사용하는 조동사예요. Could I ~?는 상대방에게 허락을 구하거나 무언가를 요청할 때 쓰는 매우 정중한 표현입니다. 이 패턴은 일상 대화나 공식적인 상황에서 모두 사용할 수 있어요. 패턴 뒤에는 동사원형을 붙이면 됩니다.

> 유사 표현

- Could I possibly borrow your phone?
'휴대폰을 빌릴 수 있을까요?'라는 의미예요. Could I possibly ~?는 '혹시 ~해도 될까요?'라는 뜻으로 Could I ~?보다 더 조심스럽고 겸손한 느낌이에요. 어려운 부탁을 하거나 공식적인 상황에서 자주 사용해요.

MP3 듣기

집중 훈련! 이렇게 표현해요

- **Could I use the bathroom?**
  화장실 좀 써도 될까요?

  bathroom (배애th루움) 화장실

- **Could I ask you a question?**
  질문 하나 해도 될까요?

  question (쿠웨s천) 질문

- **Could I get the menu?**
  메뉴판 좀 받을 수 있을까요?

- **Could I have some water?**
  물 좀 줄래요?

- **Could I talk to you?**
  대화 좀 할 수 있을까요?

> 이 질문은 단순한 잡담뿐 아니라 '잠깐 진지하게 얘기 좀 나눠도 될까요?'라는 뉘앙스로도 자주 쓰여요. 분위기에 따라 친근하거나 공손한 표현 모두 가능해요.

소리내봅시다

Could I borrow your phone?

[kʊdaɪ]
크라이

[ˈbɑːroʊ jɚ foʊn]
바아뤄우 여r f오운

→ 이렇게 발음하면 안 돼요! [쿠드 아이 바로우 유어 폰?]

휴대폰 좀 빌려도 될까요?

핵심 내용어는 borrow와 phone이에요. 이 단어들에서 강세를 줘야 하는 부분 외에는 힘을 살짝 빼고 빠르게 축약해서 발음합니다. Could 의 l은 묵음이고 d가 모음과 모음 사이에 위치해 있기 때문에 [쿠드아이] 가 아니라 [크라이]로 소리 냅니다. borrow의 [bɑː]는 [바아-]처럼 길 고 여유롭게 강세를 주어야 자연스러워요. your는 기능어로서 문장 속 에서 약화되어 [여r]로 발음해요. 마지막 phone의 ph는 [f]로 발음하 기 때문에 바람이 새어 나오는 느낌을 살려 입술을 살짝 둥글게 모으고 [f-오운]으로 발음합니다.

해설 직강 듣기

Would you like to ~?
~할래요?

A I found out my favorite band is coming here!

내가 좋아하는 밴드가 여기 온대요!

B Wow! That's awesome.

우와! 대박인데요.

A **Would you like to** go to their concert with me?

나랑 같이 콘서트 보러 갈래요?

B I would love to!

나야 너무 좋지요!

found out (f아운다웃) 알아냈다   **awesome** (어어썸) 굉장한

'~하실래요?' 또는 '~하시겠어요?'라는 뜻이에요. 상대방의 의향을 물으면서 동시에 무언가를 정중하게 제안하거나 권유할 때 사용해요. 상대방에 대한 배려와 존중이 느껴지는 패턴으로, 일상적인 대화나 공식적인 상황 모두 사용할 수 있어요. 이 패턴 뒤에는 동사원형이 옵니다.

유사 표현

- Do you want to get some coffee?
  Do you want to ~?는 '~할래요?'라는 뜻으로, Would you like to ~? 보다 훨씬 더 캐주얼하고 친근한 뉘앙스를 가지고 있어요. 일상적이고 편안한 분위기에서 자주 사용되는 패턴입니다.

MP3 듣기

집중 훈련! 이렇게 표현해요

- **Would you like to go for a walk?**
  산책하러 갈래요?

  walk (워어ㅋ) 산책

- **Would you like to watch a movie?**
  영화 볼래요?

- **Would you like to join us?**
  우리랑 같이 갈래요?

- **Would you like to meet up this Friday?**
  이번 주 금요일에 만날래요?

  > meet은 '만나다'라는 뜻인데, meet up이라고 하면 '서로 약속하고 만나서 함께 시간을 보내다'라는 뉘앙스가 더해져요.

  meet up (미이럽) 만나다

- **Would you like to have dinner with me?**
  나랑 저녁 먹을래요?

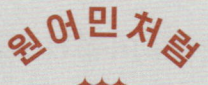

소리내봅시다

> # Would you like to get some coffee?
>
> [wʊdʒu: laɪk tə]　　　　　[get səm ˈkɑ:fi]
> (우)워쥬 라익트　　　　　 겟썸 커어f이
>
> → 이렇게 발음하면 안 돼요! [우쥬 라이크 투 겟 썸 커피?]
> 커피 마시러 갈래요?

Would의 [w]는 혼자서 소리를 내는 모음이 아니라 바로 뒤따라오는 모음을 소리 내기 전에 입술을 쭉 내밀어 시동을 거는 역할을 합니다. 그래서 Would you는 [우쥬]로 소리 내지 않고 [우] 소리를 낼 때

해설 직강 듣기

와 같이 입술을 쭉 내밀고 [(우)워쥬]처럼 이어서 소리를 내요. 단 이 문장의 내용어는 like, get, coffee이기 때문에 Would you가 강조되지 않도록 약하게 발음해야 자연스럽습니다. like to는 자음 [l]이 정확하게 들리도록 윗니 뒤쪽을 혀로 꾹 눌러내며 [(을)라익]으로, to는 소리를 약화시켜 가볍게 [트]로 발음해요. coffee는 우리말 '커피'에서 [ㅍ]처럼 입술이 맞닿지 않도록 주의합니다. [f]를 발음하기 전에 윗니와 아랫입술 뒤쪽이 가볍게 만나 바람 소리가 먼저 느껴지게 해야 합니다.

Would it be possible to ~?
~할 수 있을까요?

A **How is the project coming along?**
프로젝트는 어떻게 진행되고 있나요?

B **We're a little behind. Would it be possible to extend the deadline?**
일정이 조금 밀렸어요. 혹시 마감일을 연장할 수 있을까요?

A **I'll discuss it with the manager.**
매니저와 상의해 보겠습니다.

B **Thank you, I appreciate it.**
감사합니다.

extend (익s뗀드) 연장하다   discuss (디s꺼s) 상의하다
I appreciate it (아이 어프뤼쉬에이릿) 감사합니다

상대방에게 매우 정중하고 공손하게 어떤 요청을 하거나 허락을 구할 때 사용하는 패턴이에요. 특히 공식적이고 격식 있는 상황에서 주로 사용하죠. 상대방에게 부담을 덜 주면서 요청할 수 있는 좋은 방법이에요. 패턴 뒤에는 동사원형이 옵니다.

> 유사 표현

- Would it be alright to reschedule?
  '일정을 변경해도 괜찮을까요?'라는 뜻으로, Would it be alright to ~?는 '~해도 괜찮을까요?'라는 의미예요. 허락을 구할 때 사용해요. Would it be possible to ~?보다 일상적이고 덜 격식 있는 느낌이에요.

MP3 듣기

집중 훈련! 이렇게 표현해요

- **Would it be possible to get a refund?**
  환불받을 수 있을까요?

  refund (뤼이f언드) 환불

- **Would it be possible to check in early?**
  일찍 체크인을 할 수 있을까요?

- **Would it be possible to change my reservation?**
  예약을 변경할 수 있을까요?

  reservation (뤠z어rv에이션) 예약

- **Would it be possible to pay in cash?**
  현금으로 결제할 수 있을까요?

- **Would it be possible to get a discount?**
  할인받을 수 있을까요?

원어민처럼 소리내봅시다

Would it be possible to reschedule?

[wʊdɪt bi]   ['pɑːsəbəl]   [tə ˌriːˈskedʒuːl]
워릿비   파아써블   트뤼s케쥴

→ 이렇게 발음하면 안 돼요! [우드 잇 비 파써블 투 리스케줄?]

일정을 변경할 수 있을까요?

해설 직강 듣기

Would it은 연음법칙 중 '자음+모음' 법칙이 적용되어 [d]가 모음 [ɪ]를 만나 연음되면서 [워딧]으로 발음하거나 모음과 모음 사이의 d가 굴러가는 Flap T/D 소리로 바뀌어 [워릿]처럼 소리 냅니다.

possible의 [p]와 [b]는 입술을 꾸욱 다물었다가 풍선이 터지듯 머금었던 공기를 터트려내는 소리입니다. 특히 강세가 오는 [ˈpɑː]는 또렷하게 소리를 내는데 빠르게 [파]라고 하기보다 모음을 길게 소리 내어 [파아]처럼 발음해요. 나머지 음절은 힘을 빼고 모음이 정확하게 드러나지 않도록 애매하게 [써블]로 발음하면 자연스럽습니다. to reschedule에서는 to가 약화해 [투]가 아니라 [트]로 발음하며, reschedule은 강세가 2음절인 sched에 있기 때문에 re는 힘을 빼고 [ske]가 잘 들리도록 발음해야 해요.

Would you be okay with ~?
~ 괜찮아요?

A The restaurant is so crowded.
식당이 엄청 붐비네요.

B **Would you be okay with** getting takeout instead?
여기서 먹는 대신 음식을 포장해 가도 괜찮아요?

A That's actually a better idea.
그게 오히려 더 좋겠어요.

B Yeah, we can eat at the park nearby.
네, 근처 공원에 가서 먹어요.

crowded (크롸우딛) 붐비는   instead (인s뗃) 대신에   nearby (니어r바이) 근처에

상대방의 동의나 허락을 구할 때 사용해요. Would you를 써서 아주 공손한 느낌을 주기 때문에 상대방에게 부담이 될 수 있는 제안이나 요청을 할 때 적합해요. 따라서 일상보다 비즈니스나 공식적인 자리에서 쓰는 게 더 잘 어울립니다. 패턴 뒤에는 주로 동명사나 명사가 와요.

유사 표현

- Is it okay if we meet at two?
  Is it okay if ~?는 '~해도 괜찮을까요?'라는 뜻으로, 허락을 구하는 패턴이에요. 하지만 Would you be okay with ~?보다 일상적이고 직접적인 느낌이라 친구나 가족에게 간단한 허락을 구할 때 사용해요.

MP3 듣기

집중 훈련! 이렇게 표현해요

- **Would you be okay with this schedule?**
  이 일정 괜찮아요?

  schedule (s께쥴) 일정

- **Would you be okay with changing our plans?**
  우리 계획을 바꿔도 괜찮아요?

- **Would you be okay with going to a different cafe?**
  다른 카페로 가도 괜찮아요?

- **Would you be okay with splitting the bill?**
  더치페이해도 괜찮아요?

  splitting the bill (s쁠리딩더빌) 더치페이하다

- **Would you be okay with sushi for dinner?**
  저녁에 스시를 먹어도 괜찮아요?

소리내봅시다

> # Would you be okay with meeting at two?
>
> [wʊdʒuː bi ˌoʊˈkeɪ]   [wɪ(ð) ˈmiːɾɪŋ əɾuː]
> 워쥬비오우**케**이   윈**미**이링 엣**투**우
>
> → 이렇게 발음하면 안 돼요! [우드 유 비 오케이 위드 미팅 앳 투?]
> 2시에 만나도 괜찮아요?

첫 내용어가 okay이고 okay의 강세는 2음절에 오기 때문에 Would you be o까지 힘을 빼고 한 호흡으로 이어서 말해야 해요. Would you는 d와 y가 만나면서 자연스럽게 연음되어 [우쥬]로, okay는 o가 이중모음 [oʊ]이기 때문에 [오케이]가 아니라 [오우케이]로 발음합니다. with meeting에서 th와 m이 연결될 때 th 소리는 약화되거나 생략됩니다. 따라서 [윋미이링]처럼 이어서 소리 내고, meeting의 강세는 [iː]에 있으므로 길게 [이이]처럼 여유롭게 발음합니다. at two는 2개의 t가 만나서 한 번만 발음되기 때문에 [엣투우]로 소리 내요. 문장은 길지만 핵심 내용어인 okay, meeting, two에 힘을 주고 나머지 기능어를 약하게 소리 내면 리듬감 있고 더 자연스럽게 들릴 거예요.

해설 직강 듣기

복습하기 61~64

- Could I use the bathroom?

- Could I ask you a question?

- Could I get the menu?

- Could I have some water?

- Would you like to go for a walk?

- Would you like to watch a movie?

- Would you like to meet up this Friday?

- Would you like to have dinner with me?

- Would it be possible to get a refund?

- Would it be possible to check in early?

- Would it be possible to pay in cash?

- Would it be possible to get a discount?

- Would you be okay with changing our plans?

- Would you be okay with going to a different cafe?

- Would you be okay with splitting the bill?

- Would you be okay with sushi for dinner?

- ▶ 화장실 좀 써도 될까요?
- ▶ 질문 하나 해도 될까요?
- ▶ 메뉴판 좀 받을 수 있을까요?
- ▶ 물 좀 줄래요?
- ▶ 산책하러 갈래요?
- ▶ 영화 볼래요?
- ▶ 이번 주 금요일에 만날래요?
- ▶ 나랑 저녁 먹을래요?
- ▶ 환불받을 수 있을까요?
- ▶ 일찍 체크인을 할 수 있을까요?
- ▶ 현금으로 결제할 수 있을까요?
- ▶ 할인받을 수 있을까요?
- ▶ 우리 계획을 바꿔도 괜찮아요?
- ▶ 다른 카페로 가도 괜찮아요?
- ▶ 더치페이해도 괜찮아요?
- ▶ 저녁에 스시를 먹어도 괜찮아요?

PART 4

네이티브가 즐겨 쓰는 생활 기본 패턴

활용도 높은 패턴이라
하루 종일 말할 수 있어요!

내일 당장 써먹을 수 있는
초간단 영어 표현

65   I want to ~.

66   I promise I'll ~.

67   I was about to ~.

68   I was wondering if ~.

69   I'm sure ~.

70   You don't have to worry about ~.

71   It seems (like) ~.

72   It depends on ~.

73   It helps to ~.

74   It's important to ~.

I want to ~
~하고 싶어

A Have you decided what to study in university?
대학에서 무엇을 공부할지 결정했어?

B **I want to** study architecture.
건축학을 공부하고 싶어.

A That's cool. Why architecture?
멋지다. 왜 건축학이야?

B I've always been interested in it.
항상 관심이 있었거든.

architecture (아r끼텍츄어r) 건축학 **cool** (쿠울) 멋진

 자신의 바람이나 의지를 표현할 때 사용해요. 이 패턴은 자신의 욕구나 계획, 희망 등을 직접적으로 드러내는 데 매우 유용하며, 일상 대화에서 자주 사용됩니다. I want to ~ 뒤에는 동사원형을 붙여서 원하는 것을 말하면 돼요.

유사 표현

- I'd like to travel.
  I'd like to ~는 I would like to ~의 축약형으로, '저 ~하고 싶어요'라는 뜻이에요. 이 패턴은 I want to ~보다 더 정중한 느낌이라서 어떤 요청이나 바람을 공손하게 표현할 때 적합해요.

MP3 듣기

집중 훈련! 이렇게 표현해요

- **I want to sleep.**
  자고 싶어.

- **I want to buy a laptop.**
  노트북을 사고 싶어.

  > 영어에서 notebook은 '진짜 종이로 된 공책'을 뜻해요. 한국어에선 '노트북'이라고 흔히 부르지만, 영어에서는 공책으로 오해할 수 있으니 반드시 구분해서 써야 해요.

  laptop (래앱타압) 노트북

- **I want to meet new people.**
  새로운 사람들을 만나고 싶어.

- **I want to get in shape.**
  몸을 만들고 싶어.

  get in shape (게린쉐입) 운동해서 몸을 만들다

- **I want to live in New York.**
  뉴욕에서 살고 싶어.

소리내봅시다

I want to travel.

[aɪ wɑːntə ˈtrævəl]
아이 **와안트** **츄래애**v을

→ 이렇게 발음하면 안 돼요! [아이 원트 투 트래블]
여행을 다니고 싶어.

I는 기능어로 가볍게 힘을 빼고 시작합니다. 'want to+동사원형'은 자주 쓰이는 덩어리 표현으로 쭉 이어서 소리 내요. want는 내용어로 모음 [ɑː]는 턱을 길게 만들어 [와안]과 [워언] 중간 정도의 애매한

해설 직강 듣기

발음으로 여유롭게 소리 냅니다. to는 기능어로 힘을 빼고 [트]로, 쭉 이어서 [와안트]로 발음해요. 구어체에서는 want to를 [워너]로 축약해서 발음하기도 합니다. travel은 내용어로 강세가 오는 1음절, tra를 또렷하게 소리 내야 해요. [tr]는 입술을 내밀고 [츄]로, 모음 [æ]는 턱을 길게 벌리고 거울을 봤을 때 혀의 앞부분이 통통하게 보이도록 [애애-]로 여유롭게 소리 냅니다. 마지막 음절인 [vəl]은 윗니와 아랫입술 안쪽이 서로 살짝 만난 상태에서 부드럽게 진동시키며 약하게 힘을 빼고 [v을]로 발음해요.

66
I promise I'll ~
~할 것을 약속해

A Are you free to hang out this Saturday?

이번 주 토요일에 놀 시간 돼?

B I'm not sure yet.

아직 잘 모르겠어.

A We're having a picnic. You should come.

우리 피크닉 가거든. 너도 와.

B I promise I'll try to make it.

가려고 노력해 볼게.

hang out (행아웃) 놀다   **make it** (메이킷) 가다, 참석하다

자신의 미래 행동에 대한 강한 의지를 나타낼 때 사용하는 패턴이에요. 일상생활에서 많이 사용하지만, 다소 진지한 뉘앙스를 가졌어요. 따라서 상대방에게 신뢰를 주고 싶거나 중요한 약속을 할 때 사용해보세요. I promise I'll ~ 뒤에는 동사원형을 이어서 문장을 완성해요.

유사 표현

- **I promised to do my best.**
  '최선을 다하겠다고 약속했어요'라는 의미예요. I promised to ~는 '~하기로 약속했어요'라는 뜻으로, 과거에 한 약속이나 다짐을 말할 때 사용해요. 이미 한 약속을 언급하거나 회상할 때 적합해요.

MP3 듣기

집중 훈련! 이렇게 표현해요

- **I promise I'll keep the secret.**
  비밀 지킬 것을 약속해.

  keep the secret (키입더씨이크륏) 비밀을 지키다

- **I promise I'll be there on time.**
  거기에 제시간에 가 있을게(약속해).

- **I promised to work hard.**
  열심히 일하기로 약속했어.

  hard (하아ㄷ) 열심히

- **I promised to make dinner tonight.**
  오늘 저녁 만들기로 약속했어.

- **I promised to buy him lunch.**
  그에게 점심을 사기로 약속했어.

소리내봅시다

I **pro**mise I'll **do** my **be**st.

[aɪ ˈprɑːmɪs]
아이**프라**아미s

[aɪl duː maɪ best]
알두우마이**베**s트

→ 이렇게 발음하면 안 돼요! [아이 프로미스 아일 두 마이 베스트]
최선을 다할 것을 약속해.

I는 기능어로 힘을 빼고 가볍게 발음합니다. promise는 내용어로, 강세가 오는 pro가 또렷하게 잘 들리도록 입술을 꾹 다물었다가 터트리듯 소리 내요. I'll은 기능어로 빠르게 말하면 [아이월]이 아니라 [아얼]로 소리 나는데, 앞에 있는 promise의 s와 부드럽게 이어지도록 [프라아미s얼]로 발음해요. do는 내용어로, 입술을 모아 힘을 주면서 [두우]처럼 길게 소리 내요. best도 내용어예요. b는 입술을 꾹 다물었다가 [베s트]로 발음합니다. my는 기능어이므로 힘을 살짝 빼고 소리 내면 문장이 훨씬 자연스러워져요.

해설 직강 듣기

I was about to ~
막 ~하려던 참이었어

A Dinner smells great!
저녁 너무 맛있겠다!

B I was about to set the table. Could you help?
막 상을 차리려던 참이었어. 좀 도와줄래?

A Sure, I'll get the plates and cutlery.
그래, 내가 접시랑 수저 가져올게.

B Thanks!
고마워!

set the table (쎗더테이블) 상을 차리다
cutlery (컷러뤼) 수저, 포크, 나이프 등 식사용 도구

어떤 행동을 하기 직전이었지만 무언가에 의해 중단된 상황일 때 사용하는 패턴이에요. 특히 예상치 못한 방해나 갑작스러운 상황 변화로 인해 계획했던 일을 실행하지 못했을 때 자주 사용합니다. 이 패턴을 익혀 두면 일상에서 많이 활용할 수 있을 거예요. I was about to ~ 뒤에는 동사원형을 붙여주면 됩니다.

유사 표현

- I'm about to leave the house.
  I'm about to ~는 '이제 막 ~하려고 해요'라는 뜻으로, 현재 시점에서 곧 일어날 행동을 설명할 때 사용해요. I was about to ~가 일이 중단된 상황을 말한다면, I'm about to ~ 곧 일어날 일을 강조해요.

MP3 듣기

집중 훈련! 이렇게 표현해요

- **I was about to take a shower.**
  막 샤워하려던 참이었어.

  take a shower (테이꺼쌰우워r) 샤워를 하다

- **I was about to go to bed.**
  막 자러 가려던 참이었어.

- **I was about to order food.**
  막 음식을 주문하려던 참이었어.

  order (오어r러r) 주문하다

- **I'm about to start work.**
  이제 막 일을 시작하려고 해.

- **I'm about to send the email.**
  이제 막 메일을 보내려고 해.

소리내봅시다

I was about to leave the house.

[aɪ wɑːz əˈbaʊtə]
아워z어 **바**우트

[liːv ðə haʊs]
(을)**리이**v더**하**우s

→ 이렇게 발음하면 안 돼요! [아이 워즈 어바우트 투 리브 더 하우스]

막 집에서 나가려던 참이었어.

I was about의 I was는 빠르게 말하면 I 소리가 약화되어 [아이워즈]가 아니라 [아워z]처럼 소리 납니다. about의 강세가 2음절인 bou에 오기 때문에 I was a까지가 한 덩어리처럼 이어지는 것이 자연스러워요. 그래서 뒤이어 나오는 기능어 to도 약화되어 [아워z어 바우트]로 발음합니다. leave는 내용어로, [l]은 혀로 윗니 뒤쪽을 꾹 누르며 또렷하게 내고, 모음 [iː]를 [이이-]처럼 길게 소리 내면서 [리이-v]로 발음해야 자연스러워요. the house에서 the는 기능어로 약화돼요. 내용어 house의 [h]를 발음할 때는 배에서 공기가 뿜어져 나오듯 바람이 느껴지도록 소리 냅니다.

해설 직강 듣기

I was wondering if ~
~인지 궁금했어

A **Are you busy this Saturday?**
이번 주 토요일에 바빠?

B **Not in the evening. Why?**
저녁에는 안 바빠. 왜?

A **I was wondering if you wanted to go out with me.**
나랑 데이트할 수 있는지 궁금해서.

B **I would love to.**
너무 좋아.

evening (이이v닝) 저녁   go out with (고우아웃위th) ~와 데이트하다

'~인지 궁금했어요'라는 뜻으로, 상대방에게 간접적으로 무언가를 물어볼 때 사용해요. 공식적인 상황, 조심스러운 상황 등 직접적인 질문을 하기 어려울 때 유용한 패턴이에요. I was wondering if ~ 뒤에는 '주어+동사'를 붙여서 문장을 완성하면 됩니다.

유사 표현

- I was just wondering if you had plans.
  '계획이 있는지 궁금했어요'라는 의미예요. I was just wondering if ~ 는 '그냥 ~인지 궁금했어요'라는 뜻으로, 간접적인 질문을 할 때 사용해요. 캐주얼한 뉘앙스를 풍겨 일상이나 가벼운 상황에서 쓸 수 있어요.

MP3 듣기

집중 훈련! 이렇게 표현해요

- **I was wondering if he remembered me.**
  그가 날 기억했는지 궁금했어.

- **I was wondering if you like this music.**
  이 음악을 좋아하는지 궁금했어.

- **I was wondering if you knew her number.**
  그녀의 번호를 알고 있는지 궁금했어.

  number (넘버) 전화번호

- **I was wondering if they got permission.**
  그들이 허락을 받았는지 궁금했어.

  permission (퍼미션) 허락

- **I was wondering if you're free this weekend.**
  주말에 시간이 되는지 궁금했어.

  > 여기에서 free는 '돈이 들지 않는'이 아니라 '약속이 없는, 한가한'이라는 뜻이에요. 따라서 "주말에 시간 돼?"라는 뉘앙스를 줄 수 있어요.

소리내봅시다

I was **won**dering if you had **pla**ns.

[aɪ wəz ˈwʌndɚ-ɪŋ]   [ɪf jə həd plænz]
아이워z**원**더륑   이f유햅 **프래앤**z

→ 이렇게 발음하면 안 돼요! [아이 워즈 원더링 이프 유 해드 플랜즈]
약속이 있는지 궁금했어.

I는 힘을 빼고 가볍게 [아이]로, was는 [워즈]가 아니라 [워z]로 발음해요. wondering은 내용어이며, 문장 전체에서 가장 중심이 되는 단어입니다. 강세는 첫음절인 [wʌn]에 있어요. [wʌ]는 입술을 앞으로 둥글게 내밀며 [워]로 시작해 [n]으로 부드럽게 넘어갑니다. 뒤의 dering은 빠르게 이어지면 [더링]보다 [더륑] 또는 [더링]으로 발음돼요. 미국식 영어에서는 -ing의 [ŋ]은 [끵]이 아니라 혀 뒷부분이 코 안쪽에서 울리는 소리로 처리해요. 따라서 [원더륑]으로 발음하는 게 자연스럽습니다. 기능어 if는 가볍게 [이f]로 발음하고, you는 바로 뒤의 had에 붙여 [유햅]처럼 빠르게 말해요. 마지막 단어 plans는 내용어로 가장 또렷하게 소리 내야 합니다. [pl]은 입술을 닫은 상태에서 [프]을 터뜨리듯 시작하고, [æ]는 턱을 확실히 벌려 [애애]처럼 소리 내요. 끝의 [nz]는 코로 울림이 살짝 느껴지도록 [앤z]로 발음합니다.

해설 직강 듣기

I'm sure ~
~를 확신해

A **I think we're lost.**

우리 길을 잃은 것 같아.

B **No, I'm sure this is the right way.**

아니야, 이 길이 맞아(확신해).

A **Let's double-check the map.**

지도를 다시 한번 확인해보자.

B **Oh, you're right. We should've turned left earlier.**

아, 네가 맞네. 우리 아까 왼쪽으로 돌았어야 했어.

double-check (더블첵) 다시 확인하다

자기 생각에 대한 강한 확신을 나타낼 때 사용해요. 이 패턴은 일상적인 대화에서 의견을 말할 때 자주 사용됩니다. 상대방과의 대화에서 자신감을 전달하거나, 상대방을 안심시키고 싶을 때도 유용한 표현이에요. 이 패턴 뒤에는 '주어+동사'를 붙여서 문장을 완성하면 됩니다.

유사 표현

- **I was sure she liked your present.**
I was sure ~은 '~를 확신했어요'라는 뜻으로, 과거 시점에서 가졌던 확신이나 믿음을 표현할 때 사용해요. 이 패턴은 어떻게 말하는지에 따라 아쉬움의 뉘앙스가 담기기도 해요. 과거에 확신했던 내용이 현재는 달라졌거나 잘못된 것으로 확정됐을 때도 사용합니다.

MP3 듣기

집중 훈련! 이렇게 표현해요

- **I'm sure** we have time.
  시간이 충분하다고 확신해.

  > have time은 직역하면 '시간을 가지고 있다'인데, 실제 의미는 '시간이 있다/여유가 있다'예요. 한국어에서는 '시간을 갖다'라고 말하지 않기 때문에 이 표현을 따로 익혀두는 게 좋아요.

- **I'm sure** I turned off the stove.
  가스불을 껐다고 확신해.

  turned off (터ㄴ더f) 끄다   stove (s또우v) 가스레인지

- **I'm sure** we agreed to meet at six.
  6시에 만나기로 했다고 확신해.

  agreed (어그뤼이d) 동의하다

- **I'm sure** he knows the answer.
  그가 답을 알 거라고 확신해.

- **I was sure** I passed the test.
  시험에 합격했다고 확신했어.

소리내봅시다

I'm sure she liked your present.

[aɪm ʃʊr]   [ʃi laɪktjɚ ˈprezənt]
암**쓔어**r   쉬**라익줘**r **프뤠**zn

→ 이렇게 발음하면 안 돼요! [아임 슈어 쉬 라이크드 유어 프레즌트]
그녀가 너의 선물을 좋아했을 거라고 확신해.

I'm은 기능어로 힘을 빼고 [암]처럼 짧고 가볍게 소리 내요. sure는 내용어로 또렷하게 강세를 주어 [쓔어r]로 소리 내는데, 일반적으로 알고 있는 [슈어]처럼 2개의 소리가 아니라 1음절로 한 번에 소리 내

해설 직강 듣기

는 것이 중요해요. she는 기능어로 힘을 빼고, 내용어인 liked의 강세 [laɪ]가 또렷하게 잘 들리도록 강세를 줍니다. liked는 빠르게 말하면 [라익t]로 발음되는데, your와 만나 연음되면서 [라익줘r]로 부드럽게 연결해요. present는 내용어로, 강세가 있는 [pre]의 [p]부터 입술을 꾹 다물었다가 터트리듯 또렷하게 발음합니다. 원어민들은 -nt로 끝나는 단어의 마지막 t를 잘 발음하지 않는 습관이 있어요. 따라서 t는 또렷하게 소리 내지 않아도 좋습니다. 이제 내용어에 강세를 또렷하게 주면서 전체 문장을 한 호흡으로 이어서 발음해보세요.

You don't have to worry about ~
~에 대해 걱정할 필요 없어

A I'm nervous about meeting your parents.
너희 부모님을 뵙는 거 너무 긴장돼.

B Why? They're really excited to meet you.
왜? 우리 부모님은 너 만나는 거 엄청 기대하고 계셔.

A Because they might not like me.
나를 안 좋아하실 수도 있잖아.

B That's ridiculous. You don't have to worry about making a bad impression.
말도 안 돼. 안 좋은 인상 남길까 봐 걱정할 필요 없어.

ridiculous (뤼디큘러s) 말도 안 되는
making a bad impression (메이킹어 배애림프뤠션) 안 좋은 인상을 남기다

누군가가 특정 상황이나 문제에 대해 걱정하거나 부담을 느끼고 있을 때 그 사람을 안심시키거나 위로하기 위해 사용하는 표현이에요. '~에 대해 걱정할 필요 없어요'라는 뜻으로 이 패턴 뒤에는 주로 명사나 동명사가 붙어요.

유사 표현

- Don't worry about the kids.
  Don't worry about ~은 '~에 대해 걱정하지 마세요'라는 뜻이에요. You don't have to worry about ~이 친절하고 부드러운 느낌이라면, 이 패턴은 조금 더 직접적이고 단호한 느낌이에요.

MP3 듣기

집중 훈련! 이렇게 표현해요

- **You don't have to worry about** the future.
  미래에 대해 걱정할 필요 없어.

- **You don't have to worry about** making mistakes.
  실수하는 것에 대해 걱정할 필요 없어.

- **You don't have to worry about** the cost.
  비용 걱정할 필요 없어.

  cost (커어sㅌ) 비용

- **You don't have to worry about** the paperwork this week.
  이번 주는 서류 작업 걱정할 필요 없어.

  paperwork (페이뻐r워rㅋ) 서류 작업

- **You don't have to worry about** getting lost here.
  여기서는 길 잃는 것에 대해 걱정할 필요 없어.

소리내봅시다

You don't have to worry about the kids.

[jə doʊnt hæv tə]
유 **도운**해v트

[ˈwɜːri əˈbaʊt]
워뤼어바웃

[ðə kɪdz]
더**키**읻z

→ 이렇게 발음하면 안 돼요! [유 돈트 해브 투 워리 어바웃 더 키즈]
아이들 걱정할 필요 없어.

don't는 내용어예요. -nt로 끝나는 단어는 빠르게 말할 때 t 소리가 생략되거나 약해져서 [도운]으로 소리 냅니다. have to는 빠르게 이어서 [해v트]로 발음해요. 따라서 don't have to는 한 덩어리처럼 [도운해v트]로 소리 냅니다. worry는 입술을 살짝 앞으로 모으며 [워뤼]로 발음해요. 이제 about을 살펴보죠. [əˈbaʊt]에서 [어]는 약화된 소리로 시작하고, [aʊ]는 이중모음으로 [아우]로 굴절되면서 [어바웃]으로 자연스럽게 이어집니다. the는 기능어로 짧게 [더]라고 처리해요. 내용어 kids는 [키읻z]로 소리 내는데, [z]는 끝에서 너무 세지 않게 힘을 살짝 빼고 부드럽게 마무리합니다.

해설 직강 듣기

71

It seems (like) ~
~인 것 같아

A **The weather is so nice today!**
오늘 날씨가 너무 좋다!

B **It seems like it's going to be sunny all day.**
오늘 하루 종일 맑을 것 같아.

A **I hope so! I have plans to go to the beach.**
그랬으면 좋겠다! 나 바다를 보러 갈 계획이거든.

B **Sounds perfect! You should bring sunscreen.**
완벽하다! 선크림 챙겨.

sunny (써니) 날씨가 화창한   sunscreen (썬s끄뤼인) 선크림

어떤 상황이나 사실에 대한 자신의 추측이나 인상을 표현할 때 사용해요. 이 패턴 뒤에는 주로 형용사나 '주어+동사'가 따라와요. 추가로 like를 더해서 It seems like ~도 많이 씁니다. 이 뒤에는 주로 명사나 '주어+동사'가 따라와요. 명사는 다른 것과 비교할 때 사용하고, '주어+동사'는 조금 더 부드럽고 친근한 느낌을 줄 수 있어요.

유사 표현

- **It appears he's happy.**
  '그는 행복해 보여요'라는 의미예요. It appears ~는 '~인 것처럼 보여요'라는 뜻으로, 추측이나 인상을 표현할 때 사용해요. 하지만 조금 더 격식 있고, 객관적인 느낌이 있어 공식적인 상황에서 더 자주 씁니다.

MP3 듣기

집중 훈련! 이렇게 표현해요

- **It seems impossible.**
  불가능한 것 같아.

  impossible (임파아쓰블) 불가능한

- **It seems I misunderstood.**
  내가 오해한 것 같아.

  misunderstood (미s언더rs뜨읃) 오해했다

- **It seems like they're having fun.**
  그들은 재밌게 놀고 있는 것 같아.

- **It seems like a good plan.**
  좋은 계획인 것 같아.

- **It seems she forgot to call us.**
  그녀가 우리에게 전화하는 걸 깜빡한 것 같아.

소리내봅시다

It seems he's ha**ppy.**

[ɪt siːms]
잇**씨임**s

[hɪz ˈhæpi]
히이z**해애**삐

→ 이렇게 발음하면 안 돼요! [잇 심스 히스 해피]

그는 행복한 것 같아.

It은 기능어로 힘을 빼고 가볍게 [잇]으로 시작합니다. 바로 이어지는 seems는 내용어로 또렷하게 강세를 주는데, 모음 [iː]는 우리말 [이] 소리를 낼 때보다 혀를 앞으로 밀어내는 느낌으로 입을 양옆으로 길게 벌려 [이이]로 여유 있게 [씨-임s]라고 발음합니다. seems와 he's는 부드럽게 소리가 이어지도록 해야 해요. 우리말 [히]처럼 소리 나는 게 아니라 [h]는 배에서 바람이 뿜어져 나오듯 바람이 느껴지도록 소리 냅니다. happy는 내용어로 첫음절 [hæ]에 강하게 힘을 주어 [해애]로 소리 내고, [pi]는 가볍게 [피] 또는 [삐]로 마무리하면 자연스러워요.

해설 직강 듣기

It depends on ~
~에 따라 달라/~에 달려 있어

A How long does it take for you to get to work?

회사까지 가는 데 얼마나 걸려?

B **It depends on** the traffic. During rush hour, it takes an hour.

교통 상황에 따라 달라. 출퇴근 시간에는 1시간 정도 걸려.

A That's not too bad.

그 정도면 나쁘지 않네.

B Yeah, it's usually bearable.

응, 보통은 참을 만해.

traffic (츄뤠애f익) 교통량 **rush hour** (러sh아워r) 출퇴근 시간 **bearable** (베러블) 참을 만한

특정한 상황이나 조건에 따라 결과나 답변이 달라질 수 있을 때 사용하는 패턴이에요. 상대방에게 명확한 답을 주기 어려운 상황에서 조건이나 상황을 고려해야 한다는 점을 부드럽게 전달하고 싶을 때 사용해보세요. 뒤에는 주로 명사가 붙어요.

유사 표현

- It all depends on the situation.
  It all depends on ~은 '모든 것이 ~에 달려 있어요'라는 뜻입니다. all 을 추가함으로써 언급된 요소가 가장 중요한 요인임을 더욱 강조해요.

MP3 듣기

집중 훈련! 이렇게 표현해요

- **It depends on the weather.**
  날씨에 달려 있어.

- **It depends on the timing.**
  타이밍에 달려 있어.

- **It depends on their response.**
  그들 대답에 달려 있어.

  response (뤼s빠안s) 대답

- **It depends on your preferences.**
  너의 취향에 따라 달라.

  preferences (프뤠f뤈씨z) 취향

- **It depends on the budget.**
  예산에 따라 달라.

  budget (버짓) 예산

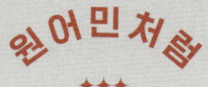

소리내봅시다

It depends on the situation.

[ɪt dɪˈpendz]　　　[ɑːn ðə ˌsɪtʃuˈeɪʃən]
잇디펜z　　　　　　언더씨츄에이션

→ 이렇게 발음하면 안 돼요! [잇 디펜즈 온 더 시츄에이션]
상황에 따라 달라.

해설 직강 듣기

이 문장의 내용어는 depends와 situation입니다. depends의 강세는 2음절인 pen에 있어요. 그래서 It de까지는 힘을 빼고 한 덩어리처럼 [잇디]로 소리 냅니다. 강세 부분인 [pen]의 [p]는 입술을 꼭 다물었다가 공기가 터져 나오듯 또렷하게 강세를 줘요. -nds로 끝나는 단어는 중간에 있는 d를 발음하지 않기 때문에 depends의 마지막 [z]가 뒤따라오는 모음 on과 연음되어 [디펜z언]처럼 이어서 발음합니다. on은 [온]이 아니라 [언]으로 발음하는 것을 꼭 기억하세요. situation처럼 음절이 많은 단어는 강세가 두 번 오는 경우가 많습니다. 메인 강세는 tion 바로 앞 음절인 이중모음 [eɪ]에 있기 때문에 또렷하게 [에이]로 소리 내고, 마지막 tion의 [ʃ]는 [션]으로 발음하기보다 입술을 살짝 내밀고 빠르게 [스연]으로 발음해요.

It helps to ~
~하는 게 도움이 돼

A I'm having trouble concentrating on my work.

일에 집중하는 게 너무 힘들어.

B **It helps to** take short breaks and stretch a bit.

짧게 쉬면서 스트레칭하는 게 도움이 돼.

A All right, I'll give it a try.

알겠어, 한번 해볼게.

B You'll find that it boosts productivity.

그렇게 하면 생산성이 올라가는 걸 느낄 거야.

boosts (부우sts) 증가하다   **productivity** (프롸덕티v이리) 생산성

상대방에게 조언을 하거나 실질적인 문제 해결 방법을 제안할 때 자주 사용하는 표현이에요. 단순히 정보를 전달하는 것을 넘어서 상대방의 상황에 공감하고 도움을 주려는 의도를 담고 있어요. It helps to ~ 뒤에는 동사원형을 넣어 문장을 이으면 됩니다.

유사 표현

- It will help to drink water.
  It will help to ~는 '~하는 게 도움이 될 거예요'라는 뜻으로, '물을 마시는 게 도움이 될 거예요'라는 의미예요. 미래에 어떤 행동이나 방법이 유용할 거라고 예측하거나 조언할 때 사용해요.

MP3 듣기

집중 훈련! 이렇게 표현해요

- **It helps to talk to someone about it.**
  누군가와 얘기하는 게 도움이 돼.

- **It helps to listen to music while working.**
  일할 때 음악을 듣는 게 도움이 돼.

- **It helps to avoid caffeine before bedtime.**
  자기 전에 카페인을 피하는 게 도움이 돼.

  avoid (어v오이드) 피하다 bedtime (벧타임) 취침 시간

- **It will help to make a to-do list.**
  할 일 목록을 만드는 게 도움이 될 거야.

  to-do list (트두우리s트) 해야 할 일 목록

- **It will help to set clear goals.**
  명확한 목표를 정하는 게 도움이 될 거야.

소리내봅시다

It helps to **dri**nk **wa**ter.

[ɪt helps tə]
잇헤없s트

[drɪŋk ˈwɑːɾɚ]
쥬링ㅋ워어러r

→ 이렇게 발음하면 안 돼요! [잇 헬프스 투 드링크 워터]

물을 마시는 게 도움이 돼.

It은 기능어로 강조하지 않으며, 빠르게 말하면 t 소리가 약화되므로 가볍게 소리 내요. helps는 내용어로, [h]의 바람 소리가 잘 느껴지도록 강세를 줍니다. 강세가 [l]로 끝나는 음절이기 때문에 대부분 [ㄹ]로 발음하는데, 여기에서는 [헬프]처럼 2개의 소리가 아니라 1개의 소리로 빠르게 이어서 [헤없s]로 소리 냅니다. [l]을 [ㄹ] 받침으로 표현하지 않은 이유는 Dark L 현상 때문이에요. 음절의 끝에 l이 오는 경우 우리말의 [어]나 [여]처럼 표현하는 것이죠. to는 기능어로 강조하지 않고 [트]처럼 짧고 가볍게 소리 냅니다. drink와 water는 내용어이므로 강세를 또렷하게 줍니다. 우선 drink의 [dr]은 [드리]가 아니라 [쥬r]로 발음하는 게 자연스러워요. water는 강세가 오는 [wɑː]가 길게 들리도록 [워어러r]처럼 또렷하고 여유롭게 소리 냅니다.

해설 직강 듣기

It's important to ~
~하는 게 중요해

A I'm planning a class reunion.
나 동창회 계획하는 중이야.

B **It's important to** contact everyone early.
모두에게 미리 연락하는 게 중요해.

A I'll start texting everyone this week.
이번 주부터 모두에게 문자를 보내기 시작할게.

B Let me know if you need help with anything.
도움이 필요하면 말해.

class reunion (클래애s뤼유니은) 동창회

어떤 행동이나 태도의 중요성을 강조할 때 사용해요. 이 패턴은 주관적인 느낌보다 어떤 정보를 객관적으로 전달하는 느낌이 들어요. 그래서 조언을 하거나 중요한 가치관을 표현할 때 자주 사용하죠. 패턴 뒤에는 동사원형이 오는데, 중요하다고 여기는 구체적인 행동을 나타내요.

유사 표현

- It'll be important to communicate.
  It'll be important to ~는 '~하는 것이 중요할 거예요'라는 뜻이에요. 미래의 특정 상황에서 어떤 행동이나 태도가 중요할 거라고 예측할 때 사용해요. 조동사 will 뒤에는 동사원형만 올 수 있기 때문에 be를 씁니다.

MP3 듣기

집중 훈련! 이렇게 표현해요

- **It's important to listen carefully.**
  잘 듣는 게 중요해.

  > carefully는 상황에 따라 뜻이 달라져요. '조심히'라고 쓰기도 하지만, listen carefully처럼 '잘/집중해서/주의 깊게'라는 의미로도 자주 쓰여요.

- **It's important to follow directions.**
  지시를 따르는 게 중요해.

  follow (f아알로우) 따르다   directions (디뤡션s) 지시

- **It's important to arrive on time.**
  제시간에 도착하는 게 중요해.

- **It'll be important to make a good impression.**
  좋은 인상을 주는 게 중요할 거야.

  impression (임프뤠션) 인상

- **It'll be important to plan ahead.**
  미리 계획하는 게 중요할 거야.

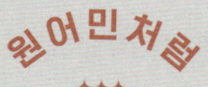

소리내봅시다

It's important to communicate.

[ɪts ɪmˈpɔːrtən]   [tə kəˈmjuːnəkeɪt]
잇ts임**포오**r튼   트커**뮤우**니케이트

→ 이렇게 발음하면 안 돼요! [이츠 임포텐트 투 커뮤니케이트]
의사소통하는 게 중요해.

첫 번째 내용어인 important의 강세가 2음절 por에 있기 때문에 It's im까지 한 덩어리처럼 [잇ts임]으로 이어서 소리 냅니다. 다만 이 소리가 [잇츠임]처럼 3개가 아니라 2개로 소리 나도록 [ts] 부분에서 성대가 울리지 않고 바람 소리만 느껴지도록 발음하는 것이 좋아요. important의 강세 [pɔːr]의 [p]는 입술을 꾹 다물었다가 확실하게 터뜨리고 [ɔːr]는 입술을 둥글게 만들면서 [오r]로 소리 냅니다. 마지막 t는 -nt로 끝나는 단어의 t는 발음하지 않기 때문에 소리 내지 않습니다. to는 기능어로 강조하지 않으며, [트]로 짧고 가볍게 소리 내요. communicate는 내용어로, co는 약하게 시작하며 [mjuː]는 [뮤]보다 [뮤우-]처럼 길고 여유롭게 강세를 줍니다.

해설 직강 듣기

복습하기　　　　　　　　　　　　65~74

- I want to buy a laptop.
- I want to meet new people.
- I want to live in New York.
- I promise I'll keep the secret.
- I promised to work hard.
- I promised to make dinner tonight.
- I was about to go to bed.
- I was about to order food.
- I'm about to send the email.
- I was wondering if he remembered me.
- I was wondering if you like this music.
- I was wondering if you're free this weekend.
- I'm sure we have time.
- I'm sure he knows the answer.
- I was sure I passed the test.
- You don't have to worry about the future.
- You don't have to worry about making mistakes.

- You don't have to worry about the cost.
- It seems impossible.
- It seems I misunderstood.
- It seems like a good plan.
- It seems she forgot to call us.
- It depends on the weather.
- It depends on their response.
- It depends on your preferences.
- It depends on the budget.
- It helps to talk to someone about it.
- It helps to listen to music while working.
- It will help to make a to-do list.
- It will help to set clear goals.
- It's important to listen carefully.
- It's important to follow directions.
- It'll be important to make a good impression.
- It'll be important to plan ahead.

- ▶ 노트북을 사고 싶어.
- ▶ 새로운 사람들을 만나고 싶어.
- ▶ 뉴욕에서 살고 싶어.
- ▶ 비밀 지킬 것을 약속해.
- ▶ 열심히 일하기로 약속했어.
- ▶ 오늘 저녁 만들기로 약속했어.
- ▶ 막 자러 가려던 참이었어.
- ▶ 막 음식을 주문하려던 참이었어.
- ▶ 이제 막 메일을 보내려고 해.
- ▶ 그가 날 기억했는지 궁금했어.
- ▶ 이 음악을 좋아하는지 궁금했어.
- ▶ 주말에 시간이 되는지 궁금했어.
- ▶ 시간이 충분하다고 확신해.
- ▶ 그가 답을 알 거라고 확신해.
- ▶ 시험에 합격했다고 확신했어.
- ▶ 미래에 대해 걱정할 필요 없어.
- ▶ 실수하는 것에 대해 걱정할 필요 없어.

- 비용 걱정할 필요 없어.

- 불가능한 것 같아.

- 내가 오해한 것 같아.

- 좋은 계획인 것 같아.

- 그녀가 우리에게 전화하는 걸 깜빡한 것 같아.

- 날씨에 달려 있어.

- 그들 대답에 달려 있어.

- 너의 취향에 따라 달라.

- 예산에 따라 달라.

- 누군가와 얘기하는 게 도움이 돼.

- 일할 때 음악을 듣는 게 도움이 돼.

- 할 일 목록을 만드는 게 도움이 될 거야.

- 명확한 목표를 정하는 게 도움이 될 거야.

- 잘 듣는 게 중요해.

- 지시를 따르는 게 중요해.

- 좋은 인상을 주는 게 중요할 거야.

- 미리 계획하는 게 중요할 거야.

PART 5

원어민의 뉘앙스가
살아 있는 네이티브 패턴

고급스럽고 세련된 원어민스러운
표현이 술술 나와요!

원어민이 단번에 알아듣고 감탄하는 영어 표현

✦

75　The thing is, ~.

76　I didn't mean to ~.

77　What I mean is, ~.

78　I'm in the middle of ~.

79　I'm having second thoughts about ~.

80　It turns out ~.

81　Come to think of it, ~.

82　It's not that ~, it's just that ~.

83　I can't wait to ~.

84　Feel free to ~.

The thing is, ~
문제는 ~야/사실은 ~야

A Do you want to try the spicy chicken?
매운 치킨 한번 먹어볼래?

B I don't know. The thing is, I can't eat spicy food.
글쎄. 사실 나 매운 음식을 못 먹거든.

A That's fine. They have a mild version too.
괜찮아. 순한 맛도 있어.

B Okay, then. I'll give it a go.
그래. 그럼 한번 먹어볼게.

mild (마이을드) 순한   **give it a go** (기v이러고우) 한번 해보다

대화 중에 중요한 점을 강조하거나 상황을 설명할 때 사용해요. 일상 대화에서 자연스럽게 사용하는 표현으로, 특히 설명이나 변명 또는 예상치 못한 정보를 제공할 때 유용해요. The thing is, ~ 뒤에는 '주어+동사'로 문장을 완성하면 됩니다.

유사 표현

- **The problem is, I forgot my wallet.**
'문제는 지갑을 잃어버렸다는 거예요'라는 의미입니다. The problem is, ~는 '문제는 ~예요'라는 뜻으로, 특정한 어려움이나 상황에 처했을 때 사용하며 부정적인 느낌이 강해요. 반면 The thing is, ~는 다양한 상황에서 더 폭넓게 사용할 수 있어요.

MP3 듣기

집중 훈련! 이렇게 표현해요

- **The thing is,** I made other plans.
  사실 다른 약속이 있어.

  > make plans를 직역하면 '계획을 만들다'이지만, 실제 영어에서는 '약속을 잡다', '일정을 정하다'라는 뜻으로 자주 쓰여요.

- **The thing is,** he doesn't like seafood.
  문제는 그가 해산물을 안 좋아해.

  seafood (씨이f우웉) 해산물

- **The thing is,** I have trouble sleeping.
  사실 내가 잠을 잘 못 자.

- **The thing is,** we can't afford that.
  문제는 우리가 그걸 살 여유가 없어.

  afford (어f오어드) ~할 여유/형편이 되다

- **The thing is,** my car broke down.
  문제는 내 차가 고장 났어.

  broke down (브로욱다운) 고장 나다

소리내봅시다

The thing is, I forgot my wallet.

[ðə θɪŋ ɪz]　　　[aɪ fərˈgɑt]　　　[maɪ ˈwɑːlɪt]
더th잉이s　　　아어r가앗　　　마이와알릿

→ 이렇게 발음하면 안 돼요! [더 띵 이즈 아이 포갓트 마이 윌렛]

문제는 내가 지갑을 두고 왔다는 거야.

해설 직강 듣기

The는 기능어로 강조하지 않아요. 빠르게 말할 때는 [더]가 아니라 [더]와 [드] 사이 정도로 가볍게 발음합니다. thing은 내용어로, th 발음은 혀끝을 윗니와 아랫니 사이로 살짝 내밀었다가 공기를 빼면서 [θ] 소리를 정확히 냅니다. is는 바로 뒤에 컴마가 와서 살짝 쉬었다가 말하기 때문에 세게 [z]처럼 발음하기보다 가볍게 [s]로 소리 내면 자연스러워요. forgot는 내용어이고 강세가 2음절에 오기 때문에 for는 힘을 빼고, got의 [ɑ]는 턱을 길게 벌려 [fㅇr가앗]처럼 발음합니다. my wallet에서 my는 힘을 빼고 가볍게 소리 내요. 내용어인 wallet의 [wa]는 입술을 둥글게 모아서 [와아]처럼 길고 여유롭게 강세를 주다가 [lit]은 강세가 오지 않으니 힘을 빼면서 문장을 끝냅니다.

I didn't mean to ~
~할 의도는 아니었어

A You left the lights on when you went out.
너 나갈 때 불을 안 끄고 나갔어.

B Sorry, I didn't mean to leave them on.
미안해, 불을 켜놓고 갈 의도는 아니었어.

A It's okay, just remember to turn them off next time.
괜찮아, 다음에는 끄고 나가는 거 잊지 마.

B Yeah, I'll be more mindful.
응, 앞으로 더 신경 쓸게.

leave (리ㅇv) (어떤 상태로) 그대로 두다   **mindful** (마인드풀) ~을 염두에 두는

상대방에게 실수나 오해에 대해 사과하거나 해명할 때 사용하는 패턴이에요. 의도하지 않은 행동이나 결과에 대해 설명하고, 그로 인해 발생한 문제나 오해를 풀고자 할 때 많이 사용합니다. 이 패턴 뒤에는 주로 동사원형이 따라옵니다.

유사 표현

- I never meant to offend you.
  '기분 나쁘게 하려는 의도는 없었어요'라고 해석해요. I never meant to ~는 '결코 ~할 의도는 없었어요'라는 뜻으로, 강한 부정의 뉘앙스를 가졌어요. 따라서 심각한 상황이나 큰 오해를 풀어야 할 때 사용합니다.

MP3 듣기

집중 훈련! 이렇게 표현해요

- **I didn't mean to upset you.**
  널 화나게 할 의도는 아니었어.

- **I didn't mean to interrupt you.**
  말을 끊으려던 건 아니었어.

  interrupt (인터뤕ㅌ) 말을 끊다

- **I didn't mean to send that message.**
  그 메시지를 보내려던 건 아니었어.

- **I didn't mean to cause any trouble.**
  문제를 일으키려고 한 건 아니었어.

  cause (커어z) ~을 일으키다

- **I didn't mean to wake you up.**
  널 깨울 의도는 아니었어.

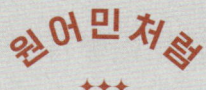

소리내봅시다

I didn't mean to offend you.

[ɑɪ ˈdɪdən miːn tə]
아이**디든미인**트

[əˈfend juː]
어f**엔**쥬우

→ 이렇게 발음하면 안 돼요! [아이 디든트 민 투 어팬드 유]
널 기분 나쁘게 할 의도는 아니었어.

I는 기능어로 강조하지 않으며, didn't에서 di에 강세를 주고 두 번째 d는 Flap T/D 소리로 빠르게 굴려서 [아이디른]으로 소리 냅니다. mean은 내용어로, [iː]는 아랫니가 보일 만큼 입을 양옆으로 크게 벌리고 [이이-]처럼 길게 빼면서 [미인]으로 발음해야 자연스러워요. to는 기능어로 힘을 빼고 빠르게 말하면 [투]가 아니라 [트]처럼 짧고 가볍게 소리가 나요. offend는 내용어로 두 번째 음절에 강세를 줍니다. o는 짧고 약하게 발음하며, fend에 강세가 있으므로 f의 바람 소리가 또렷하게 느껴지도록 발음해요. you는 바로 앞에 있는 d와 만나 [유]가 아니라 [쥬]로 부드럽게 소리 냅니다. 이제 전체 문장을 한 호흡으로 부드럽게 이어서 발음해보세요.

해설 직강 듣기

What I mean is, ~
내 말은 ~

A **Why did you choose this color for the walls?**
왜 벽 색깔을 이걸로 골랐어?

B **I wanted something bright and cheerful.**
밝고 활기찬 느낌을 원했거든.

A **What I mean is, it clashes with the furniture, doesn't it?**
내 말은 가구랑 좀 안 어울리지 않아?

B **I think it'll work once everything is done.**
다 완성하면 괜찮을 것 같아.

clashes (클래쉬s) 안 어울리다   furniture (f어r니츄r) 가구

'내 말은 ~'이라는 뜻으로, 자신의 의견이나 생각을 설명하거나 오해를 풀고 싶을 때 사용합니다. 주로 이전에 말한 내용을 다시 명확히 하거나 자신의 진정한 의도를 더 정확하게 전달하고 싶을 때 많이 사용해요. 이 패턴 뒤에는 '주어+동사'를 붙여서 완전한 문장을 만들면 됩니다.

유사 표현

- **What I'm trying to say is, you did well.**
  What I'm trying to say is, ~는 '내가 말하려고 하는 것은 ~'이라는 뜻이에요. 자기 생각을 명확하게 설명하기 위해 노력하고 있다는 것을 나타내요. 이 패턴은 복잡한 생각이나 의견을 전달할 때 유용해요.

MP3 듣기

집중 훈련! 이렇게 표현해요

- **What I mean is, I need more time.**
  내 말은 시간이 더 필요하다는 거야.

- **What I mean is, you look nice.**
  내 말은 너 정말 멋져 보인다는 거야.

  > look nice는 꼭 외모뿐 아니라 옷차림이나 분위기 전체를 칭찬할 때도 많이 써요.

- **What I mean is, I want your advice.**
  내 말은 너의 조언이 필요하다는 거야.

  advice (얻v아이스) 조언

- **What I mean is, we can do better.**
  내 말은 우리가 더 잘할 수 있다는 거야.

  better (베러r) 더 잘

- **What I mean is, the soup tastes different.**
  내 말은 이 수프 맛이 좀 다르다는 거야.

  tastes (테이sts) 맛이 나다

소리내봅시다

What I mean is, you did well.

[wɑːɾaɪ]
와라이

[miːnɪz]
미이니s

[juː dɪd wel]
유딛웨얼

→ 이렇게 발음하면 안 돼요! [왓 아이 민 이즈 유 딛 웰]

내 말은 네가 잘했다는 거야.

What I는 빠르게 말하면 t와 I가 연결되면서 t가 Flap T 소리로 변해 [왓 아이]가 아니라 [와라이]로 부드럽게 연결됩니다. mean은 내용어로 강세를 줘야 해요. [ee] 소리를 길게 빼면서 [미인]처럼 발음해야 자연스럽습니다. is는 mean의 n과 부드럽게 연결되어 [미이니s]로 소리 냅니다. 여기서 [z]가 [s]로 소리 나는 이유는 is 바로 뒤에 컴마가 있어 잠깐 쉬어서 말하기 때문에 세게 [z]로 발음하기보다 가볍게 [s]로 소리 내는 게 더 자연스러워요. you는 기능어로 강조하지 않으며 짧고 가볍게 발음합니다. 이 문장에서 did는 의미상 중요하기 때문에 또렷하게 강세를 주는데, [디드]가 아니라 [딛]처럼 1개 음절로 소리 내요. well은 내용어로, 입술을 쭉 내밀어 [우]하며 [w] 소리를 또렷하게 내다가 마지막 [l]은 우리말의 [어]와 비슷하게 [웨얼]로 발음해요.

해설 직강 듣기

I'm in the middle of ~
지금 ~하는 중이야

A **Do you want to grab some coffee?**
커피 한잔할래?

B **Sorry. I'm in the middle of writing a report.**
미안. 지금 보고서를 작성하는 중이야.

A **Got it. Maybe later then.**
알겠어. 나중에 마시러 가자.

B **Of course. Thanks for asking.**
물론이지. 물어봐 줘서 고마워.

report (뤼포오r트) 보고서   got it (가아릿) 알겠어

 현재 진행 중인 활동이나 상황 때문에 바쁘다는 것을 나타내는 표현이에요. 단순히 무언가를 하고 있다는 것을 넘어서 그 활동에 집중하고 있다는 것을 강조하며, 방해받고 싶지 않다는 것을 간접적으로 표현할 때 많이 사용해요. 이 패턴 뒤에는 주로 명사나 동명사가 붙어요.

유사 표현

- **I'm busy with the meeting.**
  I'm busy with ~는 '~로/~ 때문에 바빠요'라는 뜻입니다. 어떤 활동이나 상황 때문에 시간이 없고 바쁘다는 것을 나타내죠. I'm in the middle of ~가 특정 활동이 진행 중임을 강조한다면, I'm busy with ~는 시간이 부족한 상태를 강조해요.

MP3 듣기

집중 훈련! 이렇게 표현해요

- **I'm in the middle of studying.**
  지금 공부하는 중이야.

- **I'm in the middle of a conversation.**
  지금 대화하는 중이야.

  conversation (카안v어r쎄이션) 대화

- **I'm in the middle of having lunch.**
  지금 점심 먹는 중이야.

- **I'm in the middle of a phone call.**
  지금 통화 중이야.

  phone call (f오운커얼) 전화 통화

- **I'm in the middle of driving to work.**
  지금 운전해서 출근하는 중이야.

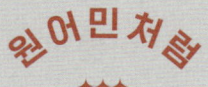

소리내봅시다

> # I'm in the middle of a meeting.
>
> [aɪmɪn ðə]　　　　[ˈmɪdələvə ˈmiːt̬ɪŋ]
> 아이민더　　　　　미를러v어　미이링
>
> → 이렇게 발음하면 안 돼요! [아임 인 더 미들 오브 어 미팅]
> 지금 회의하는 중이야.

이 문장은 의미상 쉬어가는 부분 없이 한 호흡으로 쭉 이어서 소리 내야 자연스러워요. I'm in the는 기능어이므로 힘을 주지 않고 [아이민더]로 짧고 빠르게 소리 냅니다. middle은 내용어로, dd는 Flap D 소리로 굴려 [미를] 혹은 원래 스펠링대로 [미들]로 소리 내도 좋아요. of a는 기능어로 약화해 바로 앞 l과 연음되어 [미를러v어]로 이어주세요. meeting은 핵심 내용어예요. [iː]는 아랫니가 보일 만큼 입을 양옆으로 크게 벌려 [이이-]처럼 길게 빼면서 [미이링]으로 발음해야 자연스러워요. t는 Flap T 소리로 변해 [미이팅]보다 [미이링]으로 빠르게 소리 냅니다. 이제 전체 문장을 한 호흡으로 부드럽게 이어서 발음해보세요.

해설 직강 듣기

I'm having second thoughts about ~
~에 대해 다시 생각하고 있어

A Did you buy the tickets for the musical?

뮤지컬 티켓 샀어?

B I'm having second thoughts about buying them. It's a little pricey.

표 사는 거에 대해 다시 생각하고 있어. 좀 비싸잖아.

A Yeah, maybe it's better to wait for a discount.

그래, 할인을 기다리는 게 나을지도 몰라.

B I agree. I'll hold off for now.

맞아. 일단 기다려보려고.

pricey (프라이씨) 비싼   hold off (호울더f) 미루다

이전에 결정한 것에 대해 의구심이 생기거나 결정을 바꾸고 싶을 때 사용해요. 자신의 불확실한 감정이나 주저하는 마음을 솔직하게 표현하고 싶을 때 유용한 패턴입니다. 결정을 내리기 전에 다시 한번 고민할 때 사용해보세요. 이 패턴 뒤에는 동명사나 명사를 붙이면 됩니다.

> 유사 표현

- I'm having doubts about moving.
  I'm having doubts about ~은 '~에 대해 의구심이 있어요'라는 뜻이에요. 처음에는 확신했지만 다시 생각하게 될 때는 I'm having second thoughts about ~을, 현재 불확실할 때는 I'm having doubts about ~을 사용해요.

MP3 듣기

집중 훈련! 이렇게 표현해요

- **I'm having second thoughts about our relationship.**
  우리 관계에 대해 다시 생각하고 있어.

- **I'm having second thoughts about selling my car.**
  차를 파는 것에 대해 다시 생각하고 있어.

- **I'm having second thoughts about the investment.**
  투자에 대해 다시 생각하고 있어.

  investment (인v에s믄트) 투자

- **I'm having second thoughts about the wedding.**
  결혼에 대해 다시 생각하고 있어.

- **I'm having second thoughts about getting a tattoo.**
  문신하는 것에 대해 다시 생각하고 있어.

소리내봅시다

I'm having second thoughts about moving.

[aɪm ˈhævɪŋ ˈsekən ˈθɔːts]　　　　　[əˈbaʊt ˈmuːvɪŋ]
아임**해**애v잉 **쎄**끈th**어**ts　　　　　어바웃**무**우v잉

→ 이렇게 발음하면 안 돼요! [아임 해빙 세컨드 똣츠 어바웃 무빙]

이사 가는 것에 대해 다시 생각하고 있어.

패턴 자체에도 내용어가 많아요. 신경 쓰면서 발음해봅시다. 첫 번째 내용어인 having의 [æ]는 입을 길게 벌리고 여유롭게 [해애v잉]으로 소리 내요. second thoughts 역시 내용어이므로 각 단어

해설 직강 듣기

의 강세를 또렷하게 발음합니다. 다만 second의 d와 thoughts의 th가 만나 약화되면서 빠르게 말하면 [쎄컨드]보다 [쎄끈]으로 소리 나요. thoughts에서 강세가 오는 [ɔː]는 턱을 길게 벌려 [어어]처럼 여유롭게 발음하고, ts는 [츠]가 아니라 빵빵한 풍선에서 공기를 조금씩 빼내는 것처럼 소리 내야 해요. 이때 성대가 울리지 않도록 하는 것이 중요합니다. ts는 about과 연음되어 [ts어바웃]처럼 힘을 빼고 이어서 소리 냅니다. moving은 내용어로, [uː]는 입술을 둥글게 모아 쭉 내민 상태에서 [무우v잉]처럼 길게 소리 내면 더 자연스러워요.

It turns out ~
알고 보니 ~였어

A The cake looks delicious! Did you follow the recipe?

케이크가 정말 맛있어 보여! 레시피대로 했어?

B No, **It turns out** I forgot to add sugar.

아니, 알고 보니 설탕 넣는 걸 깜빡했더라고.

A Oh no! Does it still taste okay?

어머! 그래도 맛은 괜찮아?

B No. It's like eating plain bread.

아니, 그냥 평범한 빵 같아.

follow (f아일로우) 따르다   **plain** (플레인) 평범한

 처음에 예상했던 것과 다른 사실이나 결과가 나중에 밝혀졌을 때 사용하는 패턴이에요. 특히 대화 중에 놀라움이나 흥미로운 사실을 전달하고 싶을 때 또는 잘못된 정보나 오해를 바로잡을 때 사용해요. It turns out ~ 뒤에는 '주어+동사'로 이어서 문장을 완성하면 됩니다.

> 유사 표현

- I found out that I met her before.
  I found out that ~은 '~를 알게 되었어요'라는 뜻으로, 전에 모르던 정보나 사실을 새롭게 알게 되었을 때 사용해요. 어떤 사실이 자연스럽게 밝혀졌을 때는 It turns out ~을 사용하고, 직접 무언가를 조사해서 정보를 얻었을 때는 I found out that ~을 사용합니다.

MP3 듣기

집중 훈련! 이렇게 표현해요

- **It turns out I left my card.**
  알고 보니 카드를 두고 왔어.

  left (레f트) 두고 오다

- **It turns out he likes sweets.**
  알고 보니 그가 단 거를 좋아해.

  sweets (s위잇ts) 단 거, 사탕

- **It turns out I watched this show before.**
  알고 보니 이 프로그램을 전에 본 적이 있어.

- **It turns out he wasn't angry.**
  알고 보니 그가 화가 난 게 아니었어.

- **It turns out the restaurant is closed today.**
  알고 보니 그 식당 오늘 문을 닫았어.

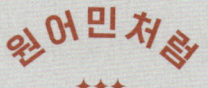

소리내봅시다

It turns out I met her before.

[ɪtɝːns aʊt]
잇터r ㄴz아웃

[aɪ met hɝː bɪˈfɔːr]
아이메러r비f오어r

→ 이렇게 발음하면 안 돼요! [잇 턴즈 아웃 아이 메트 허 비포]

알고 보니 그녀를 전에 만난 적이 있었어.

It은 기능어로 강조하지 않아요. turns는 내용어로 또렷하게 t가 느껴지도록 강세를 줍니다. turns의 s와 모음으로 시작하는 out이 이어져 [z아웃]으로 연음해 발음해요. I met her before처럼 완전한 문장, 즉 '절'이 따라오는 경우 급하게 이어서 소리 내지 않고 절이 시작하기 전에 살짝 쉬어가도 좋아요. 다만 이 문장은 비교적 짧기 때문에 쉬지 않고 이어서 소리를 내면 out 뒤에 모음인 I가 이어져서 t를 Flap T로 소리 내어 [z아우라이]처럼 계속 연결할 수 있어요. met her의 h 소리가 약화하거나 탈락되어 [메트 허]가 아니라 [메]에 강세를 주고 t를 Flap T 소리로 연결해 [메러r]처럼 부드럽게 연음해 발음합니다. before는 내용어로, 강세가 for에 있으므로 [bɪ]는 짧고 가볍게, [fɔːr]는 또렷하게 발음해 [비f오어r]로 발음해보세요.

해설 직강 듣기

Come to think of it, ~
생각해 보니 ~

A **I can't find my phone anywhere!**
핸드폰을 아무리 찾아도 없어!

B **Did you check your bag? Or your pockets?**
가방에 있는지 확인해봤어? 아니면 주머니는?

A **I checked. It's nowhere.**
확인했어. 아무 데도 없네.

B <u>**Come to think of it,**</u> **I saw it in the kitchen earlier.**
생각해 보니 아까 부엌에서 본 것 같아.

anywhere (에니웨어) 어디에도   **pockets** (파아킷s) 주머니   **nowhere** (노우웨어) 아무 데도

 특정한 상황에 대해 새로운 것이 떠오르거나 깨달았을 때 사용해요. 이 패턴은 대화 중에 불현듯 떠오른 생각이나 정보를 자연스럽게 덧붙이고 싶을 때 많이 사용합니다. Come to think of it, ~ 뒤에는 '주어 + 동사'를 붙여 문장을 완성하면 됩니다.

유사 표현

- Now that I think about it, I forgot to call her.
  Now that I think about it, ~은 '지금 생각해 보니 ~'라는 뜻이에요. 의도적으로 특정 상황에 대해 생각하거나 고민하는 느낌을 준다면 Come to think of it, ~은 어떤 생각이 갑자기 떠오른 느낌을 줍니다.

MP3 듣기

집중 훈련! 이렇게 표현해요

- **Come to think of it, I forgot to buy milk.**
  생각해 보니 우유 사는 걸 깜빡했어.

- **Come to think of it, she left her bag in my car.**
  생각해 보니 그녀가 내 차에 가방을 두고 갔어.

- **Come to think of it, I got an e-mail about that.**
  생각해 보니 그것에 대한 이메일을 받았어.

- **Come to think of it, we saw him last week.**
  생각해 보니 우리 지난주에 그를 봤어.

- **Come to think of it, I didn't water the plants.**
  생각해 보니 식물에 물을 안 줬어.

water (워어러r) 물을 주다

원어민처럼
소리내봅시다

Come to **thi**nk of it, I for**go**t to **ca**ll her.

[kʌm tə θɪŋk əv ɪt]   [aɪ fərˈgɑtə]   [kɔːl hɚ]
컴트th잉꺼v잇   아어가아트   커얼러r

→ 이렇게 발음하면 안 돼요! [컴 투 띵크 오브 잇 아이 포갓 투 콜 허]

생각해 보니 그녀에게 전화하는 걸 깜빡했어.

Come to think of it, ~은 관용어구로, 하나의 덩어리처럼 자연스럽게 이어서 말하고 it 다음에 잠깐 쉬어주는 것이 좋습니다. Come to는 come에 강세를 주고, to는 약화해 [컴트]처럼 짧고 부드럽게 발음해요.

해설 직강 듣기

think of it에서는 think에 강세를 주어 thi가 분명하게 들리도록 소리 내야 합니다. 이어지는 of it은 모두 모음으로 시작하기 때문에 연음이 자연스럽게 일어나 [th잉꺼v잇]으로 부드럽게 이어집니다. forgot은 두 번째 음절에 강세가 있어 for는 가볍게 소리 내고, got의 [ɑ]는 턱을 아래로 충분히 벌려 [가아]처럼 길게 소리 냅니다. t는 바로 이어지는 to와 부드럽게 이어지면서 to가 약화해 [투]보다 [트]로 발음해요. call은 [콜]이 아니라 [커얼]처럼 턱을 약간 벌리고 길게 소리 내야 해요. her는 h 소리가 약화해 [러r]처럼 자연스럽게 연음됩니다.

It's not that ~, it's just that ~
~가 아니라 그냥 ~야

A You never stay out late with us.
넌 우리랑 늦게까지 안 놀더라.

B **It's not that** I don't want to, **it's just that** I'm an early bird.
안 그러고 싶은 게 아니라 그냥 내가 아침형 인간이라서 그래.

A That explains why you're always so energetic in the morning.
그래서 네가 아침마다 에너지가 넘치는구나.

early bird (어r얼리버ㄷ) 아침형 인간 (=morning person)
energetic (에너쮀릭) 에너지 넘치는

상대방의 오해를 풀거나 잘못된 인식을 바로잡고 싶을 때 사용해요. 자신의 입장을 명확하지만 부드럽게 전달할 때 유용하죠. 이 패턴의 빈자리에는 모두 '주어+동사'로 채우면 됩니다. It's not that ~에는 사실이 아닌 내용을 it's just that ~에는 실제 이유나 진짜 상황을 설명하면 돼요.

유사 표현

- It's not because I'm lazy, it's because I'm tired.
'게을러서가 아니라 피곤해서 그래요'라는 의미예요. It's not because ~, it's because ~는 '~ 때문이 아니라 ~ 때문이야'라는 뜻으로, 잘못된 오해를 부정하고 진짜 이유를 명확하게 설명할 때 사용해요. 이 패턴이 조금 더 직접적이고 명확한 느낌을 줍니다.

MP3 듣기

집중 훈련! 이렇게 표현해요

- **It's not that** he's rude, **it's just that** he's shy.
  그가 무례한 게 아니라 그냥 낯가리는 거야.

- **It's not that** I forgot, **it's just that** I was busy.
  내가 까먹은 게 아니라 그냥 바빴던 거야.

- **It's not that** I hate cooking, **it's just that** I suck at it.
  요리하는 걸 싫어하는 게 아니라 그냥 못 하는 거야.

- **It's not that** I'm ignoring you, **it's just that** I didn't see your message.
  널 무시하는 게 아니라 그냥 네 문자를 못 본 거야.

  ignoring (익노어륑) 무시하다

- **It's not that** she didn't study, **it's just that** the exam was difficult.
  그녀가 공부를 안 한 게 아니라 그냥 시험이 어려웠던 거야.

소리내봅시다

It's **not** that I'm **la**zy, it's **ju**st that I'm **ti**red.

[ɪts nɑːt ðət aɪm ˈleɪzi]　　　　[ɪts dʒʌst ðət aɪm taɪrd]
잇ts**나앗**대람**레이**z이　　　　잇ts**쥐**s대람**타이**어ᄃ

→ 이렇게 발음하면 안 돼요! [잇츠 낫 댓 아임 레이지 잇츠 저스트 댓 아임 타이어드]

내가 게으른 게 아니라 그냥 피곤한 거야.

첫 번째 덩어리인 It's not that I'm lazy에서는 not과 lazy에 강세를 주며 한 호흡으로 이어서 말합니다. 먼저 not의 [ɑː]는 턱을 충분히 벌려 길고 여유롭게 [나아앗]으로 소리 내고, 바로 힘을 빼서

해설 직강 듣기

that I'm으로 부드럽게 연결해요. 이때 that의 t는 Flap T로 변해 [대람]으로 이어서 소리 내요. lazy는 내용어로, [l]은 혀끝으로 윗니 뒤쪽을 꾹 눌러 [레이]처럼 길고 또렷하게 소리 내며, [zi]는 바람이 살짝 새는 느낌으로 부드럽게 발음합니다. 두 번째 덩어리인 it's just that I'm tired도 한 호흡으로 이어서 말해요. just의 [dʒ]는 입술을 살짝 앞으로 모으며 [쥐]로 발음하고, t는 바로 뒤에 오는 that의 th와 만나 약화되어 [쥐s대]로 소리 냅니다. tired는 내용어로, [t]를 또렷하게 소리 내고 [ai]는 이중모음이므로 길게 발음합니다.

83

I can't wait to ~
빨리/너무 ~하고 싶다

A **Guess what? We're getting a puppy!**
있잖아, 우리 강아지 키우기로 했어!

B **I'm so jealous. What breed?**
너무 부럽다. 어떤 품종이야?

A **He's a golden retriever.**
골든 리트리버야.

B **I can't wait to meet him!**
빨리 만나보고 싶다!

Guess what? (게s왓) 있잖아(놀랄 만한 이야기를 꺼낼 때 사용하는 표현)
jealous (젤러s) 부러운, 질투하는   **breed** (브뤼인) 품종

어떤 일이나 상황에 대한 강한 기대감을 나타낼 때 사용해요. 특히 단순한 기대감뿐 아니라 무언가를 하고 싶어서 참을 수 없을 만큼 흥분되거나 설레는 감정을 강조할 때 사용하는 표현입니다. 일상에서 특히 많이 접할 수 있을 거예요. 패턴 뒤에는 동사원형을 붙여주면 됩니다.

> **유사 표현**

- **I'm dying to see you.**
  I'm dying to ~는 '~하고 싶어 죽겠어요'라는 뜻으로, 무언가를 강력하게 원하거나 기대할 때 사용해요. 이 패턴은 I can't wait to ~보다 더 극적인 느낌이고, 강한 열망을 표현할 때 적합해요.

MP3 듣기

집중 훈련! 이렇게 표현해요

- **I can't wait to open my gift.**
  선물을 빨리 열어보고 싶어.

- **I can't wait to hang out with you.**
  너랑 빨리 놀고 싶어.

  > 영어에서 play는 보통 아이들이 장난감이나 게임을 하며 노는 상황에 자주 써요. 반면 어른들이 친구들과 만나 시간을 보낼 때는 play 대신 hang out을 사용하는 게 자연스러워요.

  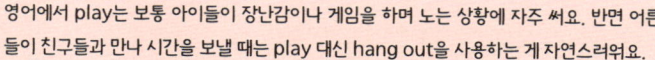
  hang out (행아웃) 놀다, 시간을 보내다

- **I can't wait to go shopping.**
  쇼핑하러 너무 가고 싶어.

- **I can't wait to visit my grandma.**
  할머니 뵈러 너무 가고 싶어.

  visit (v이z잇) 방문하다

- **I can't wait to move into my new house.**
  빨리 새로운 집으로 이사 가고 싶어.

소리내봅시다

I can't wait to see you.

[aɪ kænt weɪtə]   [si: jə]
아이캐앤t 웨잇트   씨이유

→ 이렇게 발음하면 안 돼요! [아이 캔트 웨이트 투 씨 유]

너를 빨리 보고 싶어.

I는 기능어로 강조하지 않기 때문에 힘을 살짝 빼고 문장을 시작합니다. can't는 두 가지 방식으로 발음해요. 하나는 표기된 그대로 [캐앤t]처럼 또박또박 발음하는 방법이고, 다른 하나는 원어민이 -nt로 끝나는 단어에서 자주 하는 방식처럼 t 소리를 생략하고 배에 순간적으로 힘을 주며 숨을 끊어내듯 발음하는 방법입니다. 이때는 [캐앵]처럼 짧고 강하게 끊어주는 느낌으로 말하는 것이 자연스러워요. wait to는 자연스럽게 연결되면서 to가 약화해 [웨잇투]가 아니라 [웨잇트]로 부드럽게 소리 냅니다. see는 내용어로, ee 소리를 길게 내어 [씨이]처럼 발음한 후 you는 힘을 빼고 발음합니다.

해설 직강 듣기

84

Feel free to ~
편하게 ~해

A Can I borrow your charger?
충전기 좀 빌려도 될까?

B Sure. Here you go.
응. 여기.

A Thanks. I forgot to charge my phone this morning.
고마워. 오늘 아침에 핸드폰 충전하는 걸 깜빡했거든.

B No worries. Feel free to use it anytime.
괜찮아. 언제든 편하게 써도 돼.

borrow (바아로우) 빌리다   charger (촤아r줘r) 충전기

상대방에게 부담을 주지 않으면서 어떤 행동이나 선택을 편하게 할 수 있도록 허락하거나 권장할 때 사용해요. 아주 친절하고 배려하는 뉘앙스가 담겨 있지요. 이 패턴은 일상, 비즈니스 등 다양한 상황에서 사용할 수 있으며, Feel free to ~ 뒤에는 동사원형이 따라옵니다.

유사 표현

- **You're welcome to text me.**
'문자 보내도 좋아요'라고 해석해요. You're welcome to ~는 '~해도 좋아요'라는 뜻으로, 상대방의 행동을 환영할 때 사용해요. Feel free to ~보다 정중하고 공식적인 느낌이라 비즈니스 상황에서 더 잘 어울려요.

MP3 듣기

집중 훈련! 이렇게 표현해요

- **Feel free to take a break.**
  편하게 쉬어.

- **Feel free to ask questions.**
  편하게 질문해.

- **Feel free to share your thoughts.**
  편하게 너의 생각을 나눠도 돼.

  > thoughts는 단순히 머릿속에 떠오른 '생각'만을 뜻하지 않아요. 보통 자신의 의견, 느낌, 아이디어, 관점까지 넓게 포함하는 말이에요.

  share (쉐어) 나누다

- **Feel free to look around the house.**
  편하게 집을 둘러봐.

  look around (륵꺼라운드) 둘러보다

- **Feel free to bring a friend to the party.**
  파티에 친구를 데려와도 돼.

소리내봅시다

Feel free to text me.

[fiːl friː]   [tə tekst mi]
f이이을 f뤼이   트텍s미

→ 이렇게 발음하면 안 돼요! [필 프리 투 텍스트 미]

편하게 연락해(편하게 문자 보내).

Feel은 내용어로, ee를 길게 소리 내고 음절 마지막에 오는 l은 Dark L 소리로 우리말의 [어] 혹은 [여]처럼 모음 소리에 가깝게 내요. 따라서 [f일]이 아니라 [f이이을]과 같이 소리 냅니다. free의 [f]가 잘 들리도록 윗니 사이 사이에서 새어 나오는 바람이 또렷하게 느껴지도록 합니다. 또 [r]은 혀끝이 천장에 닿지 않고 혀 중간을 뒤로 당겨서 소리 내면 좋아요. text me는 [텍스트 미]처럼 또렷하게 소리 내지 않아요. [텍s미]로 부드럽게 이어서 발음하는데, '-xt m'처럼 자음이 3개 이상 뭉쳐 있을 때 빠르게 발음하는 경우 중간 t가 약화되기 때문이에요. 이제 전체 문장을 한 호흡으로 부드럽게 이어서 발음해보세요.

해설 직강 듣기

복습하기 75~84

- The thing is, I made other plans.
- The thing is, he doesn't like seafood.
- The thing is, we can't afford that.
- I didn't mean to interrupt you.
- I didn't mean to send that message.
- I didn't mean to cause any trouble.
- What I mean is, I need more time.
- What I mean is, I want your advice.
- What I mean is, we can do better.
- I'm in the middle of studying.
- I'm in the middle of a conversation.
- I'm in the middle of driving to work.
- I'm having second thoughts about our relationship.
- I'm having second thoughts about the investment.
- I'm having second thoughts about getting a tattoo.
- It turns out I left my card.
- It turns out he likes sweets.

- It turns out I watched this show before.
- It turns out he wasn't angry.
- Come to think of it, I forgot to buy milk.
- Come to think of it, she left her bag in my car.
- Come to think of it, I didn't water the plants.
- It's not that he's rude, it's just that he's shy.
- It's not that I hate cooking, it's just that I suck at it.
- It's not that I'm ignoring you, it's just that I didn't see your message.
- I can't wait to open my gift.
- I can't wait to go shopping.
- I can't wait to visit my grandma.
- I can't wait to move into my new house.
- Feel free to take a break.
- Feel free to ask questions.
- Feel free to look around the house.
- Feel free to bring a friend to the party.

- 사실 다른 약속이 있어.
- 문제는 그가 해산물을 안 좋아해.
- 문제는 우리가 그걸 살 여유가 없어.
- 말을 끊으려던 건 아니었어.
- 그 메시지를 보내려던 건 아니었어.
- 문제를 일으키려고 한 건 아니었어.
- 내 말은 시간이 더 필요하다는 거야.
- 내 말은 너의 조언이 필요하다는 거야.
- 내 말은 우리가 더 잘할 수 있다는 거야.
- 지금 공부하는 중이야.
- 지금 대화하는 중이야.
- 지금 운전해서 출근하는 중이야.
- 우리 관계에 대해 다시 생각하고 있어.
- 투자에 대해 다시 생각하고 있어.
- 문신하는 것에 대해 다시 생각하고 있어.
- 알고 보니 카드를 두고 왔어.
- 알고 보니 그가 단 거를 좋아해.

- 알고 보니 이 프로그램을 전에 본 적이 있어.

- 알고 보니 그가 화가 난 게 아니었어.

- 생각해 보니 우유 사는 걸 깜빡했어.

- 생각해 보니 그녀가 내 차에 가방을 두고 갔어.

- 생각해 보니 식물에 물을 안 줬어.

- 그가 무례한 게 아니라 그냥 낯 가리는 거야.

- 요리하는 걸 싫어하는 게 아니라 그냥 못 하는 거야.

- 널 무시하는 게 아니라 그냥 네 문자를 못 본 거야.

- 선물을 빨리 열어보고 싶어.

- 쇼핑하러 너무 가고 싶어.

- 할머니 뵈러 너무 가고 싶어.

- 빨리 새로운 집으로 이사 가고 싶어.

- 편하게 쉬어.

- 편하게 질문해.

- 편하게 집을 둘러봐.

- 파티에 친구를 데려와도 돼.

ENGLISH DIARY

말하는 영어 일기

일상에서 일어날 수 있는 이야기로 리스닝과 스피킹을 동시에 잡는
하이빅쌤의 1:1 시크릿 영어 코칭

상황 1 ✦ 지하철에서 만난 쩍벌남
상황 2 ✦ 모르는 사람에게 인사를 하다니!
상황 3 ✦ 카페에서 음료를 잘못 받았어!
상황 4 ✦ 회사에 지각할 뻔했어!
상황 5 ✦ 친구와의 싸움

상황1 지하철에서 만난 쩍벌남

STEP 1 Listening 듣기

▶ 리스닝 훈련입니다. QR코드를 찍어 자막 없이 영어 문장을 들어보세요.

STEP 2 Reading 읽기

▶ 아래 영어 문장을 읽으며 내용을 이해해봅시다. 문장 구조와 표현을 파악해보세요.

Yesterday, I rode the subway during rush hour. It was very crowded, but I found a seat near the door. I wanted to relax, but the man next to me spread his legs wide. His knee kept touching mine, which was annoying. I tried moving away, but there was no space. He also watched a loud video on his phone without headphones. Everyone around looked upset, but nobody said anything. I stared at him when he laughed loudly, but he didn't notice. Luckily, he got off at the next station. I hope I never sit near someone like that again!

STEP 3 Speaking 말하기

▶ 저자의 강의를 보면서 어떻게 발음해야 하는지 연음, 강세 등을 분석한 후 최대한 똑같이 말해보세요.

Yesterday, / I ro**de the** sub**way during** ru**sh hour.**

어제 나는 러시아워 시간에 지하철을 탔다.

It was very cro**wded, / b**ut I** fou**nd a** sea**t ne**ar the doo**r.

사람이 아주 많았지만 문 근처에 자리를 하나 찾았다.

I wa**nted to** rela**x, / but the ma**n ne**xt to** me / spre**ad his** le**gs wi**de.

좀 쉬고 싶었는데, 옆에 앉은 남자가 다리를 쫙 벌리고 앉았다.

His k**nee ke**pt tou**ching mi**ne, / which was anno**ying.**

그의 무릎이 계속 내 무릎에 닿아서 너무 거슬렸다.

- **during rush hour** 러시아워(출퇴근 시간) 동안
- **found a seat near the door** 문 근처에 자리를 찾았다
- **spread his legs wide** 다리를 넓게 벌렸다
- **kept touching mine** (무릎이) 계속 내 무릎에 닿았다
- **which was annoying** 그게 짜증 났다

I tried moving away, / but there was no space.
자리를 옮기려고 했지만, 공간이 없었다.

He also watched a loud video on his phone / without headphones.
그는 또 이어폰도 없이 핸드폰으로 시끄러운 영상을 봤다.

Everyone around looked upset, / but nobody said anything.
주변 사람들 모두 짜증 난 표정이었지만 아무도 뭐라고 하지 않았다.

I stared at him / when he laughed loudly, / but he didn't notice.
그가 너무 크게 웃을 때마다 째려봤지만 전혀 눈치채지 못했다.

Luckily, / he got off at the next station.
다행히 그는 다음 역에서 내렸다.

I hope I never sit near someone like that again!
다시는 그런 사람 옆에 앉고 싶지 않다!

- tried moving away 자리를 피하려 했다
- no space 공간이 없다
- without headphones 이어폰 없이
- nobody said anything 아무도 말하지 않았다

상황 2 모르는 사람에게 인사를 하다니!

STEP 1 Listening 듣기

▶ 리스닝 훈련입니다. QR코드를 찍어 자막 없이 영어 문장을 들어보세요.

STEP 2 Reading 읽기

▶ 아래 영어 문장을 읽으며 내용을 이해해봅시다. 문장 구조와 표현을 파악해보세요.

Today, something super embarrassing happened to me. I was walking down the street when I saw a woman waving in my direction. Without thinking, I smiled and waved back with both hands. But then I heard a laugh behind me. I turned around, and there was her actual friend, waving back. I realized she wasn't waving at me at all! I awkwardly pretended to fix my hair and walked away as fast as I could. I don't think I've ever felt so embarrassed in public. Note to self: Don't wave at just anyone!

STEP 3 Speaking 말하기

▶ 저자의 강의를 보면서 어떻게 발음해야 하는지 연음, 강세 등을 분석한 후 최대한 똑같이 말해보세요.

Today, / something super embarrassing / happened to me.
오늘 정말 창피한 일이 있었다.

I was walking down the street / when I saw a woman waving / in my direction.
길을 걷다가 어떤 여자가 내 쪽을 향해 손을 흔드는 걸 봤다.

Without thinking, / I smiled / and waved back / with both hands.
아무 생각 없이 나도 웃으며 두 손을 흔들었다.

But then / I heard a laugh behind me.
그런데 갑자기 내 뒤에서 웃음소리가 들렸다.

- **super embarrassing** 창피하거나 민망한, 당황스러운
  super는 감정을 강조하는 말이에요.
- **waving/wave back** 손을 흔들다
  '손을 흔들다, 누군가에게 인사하다'는 wave at someone이라고 표현해요. 상대방이 먼저 손을 흔들었을 때 그에 반응해서 나도 인사할 때는 wave back을 씁니다.
- **without thinking** 아무 생각 없이

I turned around, / and there was her actual friend, / waving back.
뒤를 돌아보니 그 여자분의 진짜 친구가 내 뒤에서 손을 흔들고 있었다.

I realized / she wasn't waving at me / at all!
그 사람이 나에게 손을 흔든 게 전혀 아니었다!

I awkwardly pretended to fix my hair / and walked away / as fast as I could.
나는 어색하게 머리를 만지는 척하다 최대한 빨리 자리를 벗어났다.

I don't think I've ever felt so embarrassed / in public.
공공장소에서 이렇게까지 창피했던 적은 처음인 것 같다.

Note to self: / Don't wave at just anyone!
앞으로는 아무에게나 손을 흔들지 말자!

- **turned around** 뒤쪽(180도)으로 돌다
  turn은 방향을 바꾸는 동작이에요.
- **realized** 깨달았다, 알아차렸다
- **at all** 전혀
- **pretended to** ~하는 척했다
- **walked away** 자리를 뜨다, 가버리다
- **in public** 공공장소
- **note to self** 다음부터는 꼭 기억하자

상황 3 카페에서 음료를 잘못 받았어!

STEP 1 Listening 듣기

▶ 리스닝 훈련입니다. QR코드를 찍어 자막 없이 영어 문장을 들어보세요.

STEP 2 Reading 읽기

▶ 아래 영어 문장을 읽으며 내용을 이해해봅시다. 문장 구조와 표현을 파악해보세요.

I went to my favorite café this morning and ordered an iced Americano. The barista smiled and nodded, so I thought everything was fine. They called my number, and when I went to the counter, they gave me an iced latte! I thought about what to do for a moment. 'Should I tell them they made my drink wrong?' But that's too much work, and they're busy. I don't want to be a Karen. I took a sip of the iced latte. It was delicious! So, I decided to keep the drink. In the end, everything worked out for the better.

STEP 3 Speaking 말하기

▶ 저자의 강의를 보면서 어떻게 발음해야 하는지 연음, 강세 등을 분석한 후 최대한 똑같이 말해보세요.

I went to my favorite café this morning / and ordered an iced Americano.
오늘 아침에 내가 좋아하는 카페에 갔고, 아이스 아메리카노를 주문했다.

The barista smiled and nodded, / so I thought everything was fine.
바리스타는 웃으며 고개를 끄덕였고, 난 주문이 제대로 들어갔다고 생각했다.

They called my number, / and when I went to the counter, / they gave me an iced latte!
내 번호가 불려서 카운터에 갔는데, 아이스 라테를 건네줬다!

I thought about what to do / for a moment.
나는 잠깐 고민했다.

- **nodded** 고개를 끄덕였다
- **call** 부르다, 호명하다, 전화하다
- **for a moment** 잠깐, 잠시 동안

'Should I tell them / they made my drink wrong?'

'이거 주문이 잘못된 거라고 말해야 하나?'

But that's too much work, / and they're busy.

하지만 그건 너무 귀찮고, 직원들도 바빠 보이는데.

I don't want to be a Karen.

괜히 진상 손님처럼 보이고 싶지도 않고.

I took a sip of the iced latte. / It was delicious!

나는 아이스 라테를 한 모금 마셔봤다. 너무 맛있었다!

So, / I decided to keep the drink.

그래서 그냥 아이스 라테를 마시기로 했다.

In the end, / everything worked out / for the better.

결국에는 더 잘된 일이었던 것 같다.

- make A wrong　A를 잘못 만들다/실수하다
- too much work　그거 하기엔 너무 귀찮다
- be a Karen　진상처럼 행동하다(속어)
  Karen은 '무례하거나 까다로운 손님'을 뜻하는 표현이에요. 우리나라에서는 '진상'이라고 하죠. 젊은 층 사이에서 많이 사용해요.
- sip　한 모금
- in the end　결국에는
- worked out for the better　더 나은 결과를 얻었다

상황 4 회사에 지각할 뻔했어!

STEP 1 Listening 듣기

▶ 리스닝 훈련입니다. QR코드를 찍어 자막 없이 영어 문장을 들어보세요.

STEP 2 Reading 읽기

▶ 아래 영어 문장을 읽으며 내용을 이해해봅시다. 문장 구조와 표현을 파악해보세요.

Today, I almost got to work late. I didn't hear my alarm this morning. My phone died during the night. When I saw the time, I jumped out of bed. I quickly washed my face, got dressed, and ran outside. I always eat breakfast in the mornings. But I didn't have time to eat today. I got to the bus stop just in time. And I made it to work before the meeting started. I was tired, but at least I wasn't late. Tonight, I will charge my phone before bed. And I will also check my alarm twice!

STEP 3 Speaking 말하기

▶ 저자의 강의를 보면서 어떻게 발음해야 하는지 연음, 강세 등을 분석한 후 최대한 똑같이 말해보세요.

Today, / I almost got to work late.
난 오늘 거의 지각할 뻔했다.

I didn't hear my alarm this morning.
아침에 알람 소리를 못 들었다.

My phone died during the night.
밤에 휴대폰이 꺼졌던 것이다.

When I saw the time, / I jumped out of bed.
시간을 보자마자 나는 침대에서 벌떡 일어났다.

I quickly washed my face, / got dressed, / and ran outside.
얼른 세수하고, 옷을 입고, 급히 밖으로 나갔다.

- **almost got to work late** 거의 지각할 뻔했다
- **phone died** 핸드폰이 꺼졌다
- **jumped out of bed** 벌떡 일어났다
- **got dressed** 옷을 입었다
- **ran outside** 밖으로 뛰어나갔다

I always eat breakfast / in the mornings.
나는 평소에 항상 아침을 먹는다.

But I didn't have time to eat today.
하지만 오늘은 아침을 먹을 시간이 없었다.

I got to the bus stop / just in time.
버스정류장에는 딱 맞춰 도착했다.

And I made it to work / before the meeting started.
그리고 회의가 시작하기 전에 겨우 회사에 도착했다.

I was tired, / but at least I wasn't late.
피곤하긴 했지만, 적어도 지각은 하지 않았다.

Tonight, / I will charge my phone / before bed.
오늘 밤에는 잠들기 전에 휴대폰을 꼭 충전할 거다.

And I will also check my alarm twice!
그리고 알람도 두 번 확인할 거다!

- just in time 딱 맞춰서, 아슬아슬하게
- made it to work 회사에 도착했다
- at least I wasn't late 적어도 지각은 하지 않았다
- charge my phone 핸드폰을 충전하다
- check my alarm 알람을 확인하다

상황 5 친구와의 싸움

STEP 1 Listening 듣기
▶ 리스닝 훈련입니다. QR코드를 찍어 자막 없이 영어 문장을 들어보세요.

STEP 2 Reading 읽기
▶ 아래 영어 문장을 읽으며 내용을 이해해봅시다. 문장 구조와 표현을 파악해보세요.

Yesterday, I had a fight with my friend. We disagreed about something small. But I said something mean without thinking. I didn't mean to hurt her. After that, my friend didn't answer my texts. I felt bad all day. At night, I texted her. I said I was really sorry. She texted back. We talked and we shared how we felt. Then, we made up. I was glad we talked honestly. Next time, I'll try to be more careful. Friendships can be hard, but they are worth it.

STEP 3 Speaking 말하기

▶ 저자의 강의를 보면서 어떻게 발음해야 하는지 연음, 강세 등을 분석한 후 최대한 똑같이 말해보세요.

Yesterday, / I had a fight with my friend.
어제 나는 친구와 싸웠다.

We disagreed / about something small.
우리는 사소한 일에 대한 의견이 맞지 않았다.

But I said something mean / without thinking. / I didn't mean to hurt her.
나는 생각 없이 심한 말을 했다. 친구에게 상처를 주려던 건 아니었다.

After that, / my friend didn't answer my texts.
그 후 친구는 내 문자에 답하지 않았다.

I felt bad all day. / At night, / I texted her.
나는 하루 종일 마음이 안 좋았다. 그날 밤 친구에게 문자를 보냈다.

- had a fight with my friend 친구와 싸웠다
- disagreed about something small 사소한 일로 의견이 달랐다
- without thinking 생각 없이, 무심코
- felt bad all day 하루 종일 마음이 안 좋았다

367

I said I was really sorry. / She texted back.

정말 미안하다고 말했다. 친구가 답장을 보내왔다.

We talked and we shared / how we felt.

우리는 대화를 했고, 서로의 속마음을 털어놓았다.

Then, / we made up. / I was glad / we talked honestly.

그리고 화해했다. 우리가 솔직하게 이야기해서 다행이었다.

Next time, / I'll try to be more careful.

다음번에는 더 조심하려고 한다.

Friendships can be hard, / but they are worth it.

우정은 때로 어려울 때가 있지만, 그만큼 가치가 있다.

- text back 문자로 답장하다
- we shared how we felt 서로의 감정을 나눴다
- we made up 화해했다
- I was glad we talked honestly 솔직하게 이야기해서 다행이었다
- worth it 그럴 가치가 있다